操控人心的170個技巧

禁斷心理術

心理達人研究會／著

前言

無論在職場上或私生活中，你身邊肯定有一、兩位不喜歡的人，或是不對盤的人。

譬如幾杯黃湯下肚就兩眼發直找人吵架的人，或是在電車上與公司裡扯開嗓子說話的人。沒有人會想與這種類型的人為伍吧？

相反地，也有人總是自言自語，但問他怎麼了，對方也只會回：「沒事……」若碰上這種人，**任何人都會煩惱該如何和他相處**。

大多數人面對難相處的人會盡量保持距離，但這只會讓自己費心勞神。如此便會覺得吃虧，變得更加討厭對方。

而本書正是能**分析難相處的人與難搞的人的心情，再隨心所欲地操控他們**。不用重新學習，或使用特別的道具。見到麻煩人物時只須仔細觀察他的言行舉止，再採取行動即可。

對於不願說出真心話的人，就試探一下：「一般來說會有何看法？」在他提起一般論的發言中，有時可以看透他的真心話。

另外，無論如何都想讓對方說出「Yes」時，只須詢問：「何者較好？」就能從對方心中消除「拒絕請託」的選項。或者在語尾加上「～吧」表示親暱，對方就難以說出「No」。

只需一點訣竅，就能自由操控他人。要是懂得訣竅，無論遇上多麼難搞的人也不用怕。

本書所介紹的方法都非常簡單，希望各位從今天起開始實行。各章末尾都有**心理測驗**，能以遊戲般的感覺嘗試。

當然**嚴禁濫用**，究竟要在哪些場面中如何運用這些技巧，完全操之在你。

2015年1月

心理達人研究會

第1章 勾引目標對象的心理術

第2章　從習性與動作看穿對方本性的方法

第5章 操控討厭對象的方法

第6章　推測難搞對象深層心理的方法

第1章

勾引目標對象的心理術

利用違背期待的言語使對方服從

【評價】
[效　果] ★★★★
[禁忌度] ★★★

即使被極力稱讚，聽久了也不覺得高興。最好的例子就是對著美女說：「妳真美。」對當事人而言這種事一目瞭然，如今聽到這種話只會覺得：「那又如何？」

另外，對著將工作圓滿完成的人說：「你真能幹。」對當事人而言只是理所當然，沒什麼值得高興的。**意料之中的言語，無法打動對方的心**。

如果想讓這種桀敖不馴、令人討厭的人順從，該如何是好呢？應該對他們說出違背期待的言語。

譬如對嬌貴的美女說：「妳太任性了。」她會把你當成斥責自己的貴人，反而因此受到信賴。另外，對工作能力強卻強勢的人，以擔憂的語氣給他忠告：「再這樣下去，你在我們部門將不被需要。」他就會軟化態度接近你。

若**能出其不意說出無法預測的話**，對方就等於落入自己手中了。

Devil's psychology techniques

貼上「標籤」就能掌控對方的評價

【評價】
【效　果】★★★
【禁忌度】★★★★

工作速度緩慢，一事無成的同事，主管對他的評價卻是：「可是他既誠實又忠心。」你也會因此改變對他的看法吧？

人心就是如此，**會因為某人貼上的標籤而輕易改變**。

因此，假如你身邊有人並沒有出色的表現，只是因為深得要領而獲得名不副實的評價，與其到處散布：「他根本沒在工作。」**不如若無其事地貼上標籤**。

「他很懂得如何工作呢。總是把同事與後輩當成拉馬車的馬使喚。」只要貼上這種標籤，他就會被認定為：「很愛使喚別人的人」。

商量內容不用當真，只須同意即可

【評價】
【效　果】★★★★
【禁忌度】★★

假如有人對你說：「我有事找你商量。」而約你出來，即使是私人的話題，也不用認真以對。不同於工作的「報告、連絡、商量」，一般而論，個人的商量是當事人左思右想後才開口的。

其實，煩惱不已後再開口找你商量，此時**當事人心中也早已有了答案**。那他為何還要找人商量呢？那是因為他**想要別人堅定自己的決心**。

當他詢問：「我想要〇〇，你覺得如何？」若是你回答：「我覺得不錯啊！」他被推了一把就能向前踏出一步。之所以找你商量就是為了這「一步」。

所以，**認真地提出建議，奉勸他改變主意是毫無意義的**。只須同意對方的想法，他就會心滿意足：「找你商量真是太好了。」

Devil's psychology techniques

假裝彼此相像，接近目標對象

【評價】
【效　果】★★★★
【禁忌度】★★★

和這個人打好關係會有極大的好處——如果你看上這種對象，在接近前要先仔細觀察他是何種人物。

然後，一旦得知他是哪種人，就**徹底模仿他**。

譬如他的外表若是體育型，你就模仿絕不反抗前輩的態度；如果他很注重時尚，自己也穿戴配合對方喜好的衣服或眼鏡，然後不經意地接近他。

因為**相似的人容易打成一片**，這稱為**「類似性法則」**。

第一眼的印象若與自己相似，就會覺得親密，也會產生親近感。**一開始對方若是沒有戒心**，就容易相處融洽。

如果對方覺得：「他和我很像。」如此便能提高接近的機率。不過，請在事前確實準備，以免露出破綻。

抬舉差勁的下屬激起幹勁

Devil's psychology techniques

【評價】
【效　果】★★★
【禁忌度】★★★★★

「這傢伙要到何時才會學會工作啊……」即使下屬令人頭痛心煩，也不能直接斥責。因為**人只會變成別人口中的樣子**。

你的記憶力很差且不得要領，而且手腳又慢，如果持續批評，不知不覺間會植入當事人的潛意識，他將會扮演「工作能力差的角色」。果然下屬需要讚美才會成長。

話雖如此，也不能對著不值得稱讚的人撒謊：「你真是太棒了，幹得好！」因此，應該在向第三者介紹時帶著期待如此稱讚：

「這位是敝公司的新人○○，別看他這樣子，**他可是很有前途喔**，今後也請您多多關照。」

如此抬舉下屬，即使他老是挨罵，他也會採取行動回應期待。

Devil's psychology techniques

與其直接稱讚當事人，不如用傳話的方式稱讚

【評價】
【效　果】★★★
【禁忌度】★★

課長對你說：「最近你很努力喔！」和部長說：「○○課長說你最近很努力喔！」後者更令人加倍喜悅吧？

這是因為間接被稱讚，**表示至少被2個人稱讚**。而且**也想要獲得更多好評**。

因此，如果想激勵自己的下屬，就在與下屬有較多機會接觸的人面前提起：「他是能夠整合團隊的出色領導者。」如此一來，對方就會傳話：「○○先生說你能夠『出色地整合團隊』喔。」

想讓對方迷上自己就讓視線集中一處

【評價】
【效　果】★★★★★
【禁忌度】★★★

曾在寺院裡打坐的人就會明白，打坐時眼睛不能東張西望或完全閉住。正確的作法是，採取「半睜眼睛」的狀態。

因為凝視一點具有使思考停止，屏除雜念的效果。換言之，**固定視線會剝奪思考能力**。

掌權者的演說與現場販售等，都應用了這一點掌控聆聽者的心理。將聚光燈打在說話者身上，大聲呼喚吸引聽眾的目光與內心，使之陷入一種陶醉狀態。

尤其，在神經更敏銳的**黑暗中更容易呈現效果**。

例如女性在夜晚兜風時容易被男性打動，不單單是因為當下的氣氛，也受到了這種效果的影響。

假如下定決心求婚，夜晚比白天更合適。這樣至少能提高成功率。

陪對方抱怨 贏取信任

【評價】
【效　果】★★★★
【禁忌度】★★★

正如「能言善道者亦善於聆聽」，傾聽別人說話是溝通的基本。不過頻頻點頭稱是只能算是「無害的人」。因此，若想獲得更高一級的評價，之後的對應將是重點所在。

比如說顧客忽然提起：「最近因為孩子的教育問題和老婆起爭執……」那就和他一起抱怨老婆吧。

這種時候先別插嘴，靜靜聆聽。要是他繼續說道：「我老婆堅持讓孩子去補習，但我覺得應該培養運動興趣，讓孩子開心地成長。」此時，**要先肯定對方的意見**：「我懂。讀書並不是一切啊。」

如此他會覺得，你不僅聽他抱怨，而且又懂他的心思，這份欣慰將昇華成對你的信賴。

最後假如你也表現出同樣的煩惱：「其實我家也是……」就更完美了。對方會覺得你是**有著相同苦惱的夥伴**，對你的信賴肯定更勝以往。

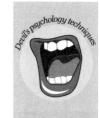

把麻煩事推給人之前先表示親切

【評價】
【效　果】★★★
【禁忌度】★★

假如你身邊有人面臨危機，即使那是討厭的人也不妨出手相助。正如**「做人情並非為了別人」**，這份親切必定會成為自身的利益。

人在身陷困境獲得解救時，即使與對方處於對立關係，在安心的同時也會深深感激。

因此，或許對方會說：「哎呀，真是幫了我一個大忙。太感謝你了。以後如果你有困難**請儘管開口**。我一定會幫你。」

有了這句話就是一個機會。你可以趁機說：「那我可以拜託你○○嗎？」**把麻煩事推給他**。

既然他方才說了：「我一定會幫你。」就**絕對無法拒絕**。即便他後悔不該表達謝意，也覆水難收了。

不過，要是過於頻繁地使用這個方法，將被視為危險人物，使用時須小心注意。

賣點人情拉攏對方

【評價】
【效　果】★★★★
【禁忌度】★★★

有些人在百貨公司地下美食街，試吃後不買會覺得過意不去，因此絕不試吃。

這是因為受到他人的恩情或恩惠，想盡力回報的**「互惠性法則」**的心理作用。

這裡說的恩情或恩惠，並非多大的程度，**正因是一點小恩惠，才覺得應「盡力回報」或「報恩」**。

在職場上想增加自己的夥伴時，不妨利用這一點。替忙碌的同事去買便當，或者幫犯錯的後輩緩頰，賣點人情。如此一來，當自己身陷危機時，他們肯定會出手相助。

偷偷觀察找出巴結對方的題材

【評價】
【效　果】★★★★
【禁忌度】★★★★★

工作上或私底下有「想接近」的人時，首先應仔細觀察他的攜帶物品與身邊的事物。

話雖如此，並不是看他拿什麼名牌包，或穿了多少錢的西裝來秤斤兩、品頭論足。而是若無其事地確認他的攜帶物品。

例如，觀察他辦公桌上隨手亂放的電影票根，夾在筆記本裡的商店優惠券或傳單，就能看出**他對什麼有興趣**。然後不經意地提起話題：

「話說〇〇這部電影你看過了嗎？我一直拖著結果錯過了。」

「你知道車站前新開的店嗎？你去過了嗎？」

像這樣，**開口時假裝不知**他對那部電影和那家店有興趣。如此一來，當事人並不曉得自己被調查過，便會趁此機會大談自己掌握的訊息。

以一句「原來如此」說服麻煩人物

【評價】
【效　果】★★★
【禁忌度】★★

即使稱不上客訴，世上也有人要求很多，愛出意見。

這樣的人也很愛找碴，要是應對得不好，很有可能瞬間變成怪獸客人。

為避免如此，**必須展現帶有誠意的態度應對**。此時「原來如此」這句話非常好用。「原來如此，的確如您所說。」、「原來如此，謝謝您寶貴的意見。」像這樣，每次都從「原來如此」開始回應。

這句話**帶有「確實聆聽了你的意見」的語感**，藉此**可展現包容力**。若是覺得自己的主張確實被對方接受，言語上將不再咄咄逼人。

不過必須注意，要是因為對方嘮叨不休，就一味地反覆：「原來如此，原來如此。」這樣反而會給人一種嫌麻煩的語感。

自己主動握手 讓對方停止思考

【評價】
【效　果】★★★
【禁忌度】★★★

充滿魅力的異性輕輕地觸碰你的手臂……。

若是遇到這種場面，大多數人會直愣愣地無法思考吧？

的確想拉近心靈距離時肢體接觸是一個很有效的方法。藉由觸碰的行為，可以傳達溫暖與信賴感。

與此同時，肢體接觸還有另一個重要的因素，就是**讓思考停止**。

譬如與美女身體接觸，被央求帶她一起去吃飯，很少有男性能夠拒絕吧？**思考停止狀態的人腦中不會浮現「No」的回應**。

換言之，只要讓對方停止思考，他就會容易聽從你的話。

不過，現實中想觸碰不太親密的人可不容易。被隨意觸碰身體，很多人會感到不快。

但是，握手則另當別論。被要求握手幾乎沒有人會拒絕。

沒有握手習慣的日本人與歐美人士不同，被要求握手時內心會覺得困惑。這時便會產生思

考停止的狀態。

可是，一動也不動地僵在原地遲遲不回握非常不自然。因此也沒有餘裕重新整理混亂的心情，只好回握。

反過來說，**只須自己主動伸手，便能將對方捲入自己的步調**。

不僅如此，握手時看著對方眼睛說話，另一隻手再疊在對方的手上，主導權操之在己將更加明確。

握手雖是友好的問候，背後卻是**能夠不著痕跡地施加壓力的手段**。

若想推銷自己
就不厭其煩地露臉

【評價】
[效　果]★★★
[禁忌度]★★

假如住在市區裡的集合住宅裡，不認得其他居民的臉並不稀奇。儘管如此，萬一碰上緊急狀況，最好多少認識一下鄰居也是事實。

就心理學而言，**見面的次數與親密度成正比**。雖非「遠親不如近鄰」，但即使有血緣關係，不見面當然也會疏遠。因此，商場上有想接近的對象時，只須多多露臉。

當然若是推銷的話，對方可能會挖苦地說：「哎呀，你又來啦。」但比起不露臉的競爭對手，確實能在對方心中留下印象。

不過，假如對方是異性，即便是公事也會持有戒心，最好稍微節制一點。

這項心理法則中，也有**愈常見到討厭的對象會更加討厭**這種完全相反的模式，若發覺對方感到困擾，趕緊告退才是明智之舉。

Devil's psychology techniques

想讓事情有利進行 就把對方拉到主場

【評價】
【效　果】★★★★
【禁忌度】★★

有份資料指出，不管棒球或足球比賽，比起深入敵陣的客場比賽，**主場比賽能使賽況更有利**。

就主場球隊而言，比賽場地是平時熟悉的空間，相對來說交手球隊則是「客人」。儘管想要放鬆，面對比賽仍舊不免有些緊張。結果便無法發揮平日的實力。

這種「主場優勢」不僅限於運動。在商場上若想讓談判有利進行，**只要把對方拉到自己的主場就行了**。

尤其距離遙遠的客戶，就請對方來自己的公司。當然，既然特地邀請了對方，也別忘了熱情款待。

如此一來對方將更是惶恐，而打亂平時的步調。此時機不可失，應挾帶地利乘勝追擊。一定能讓對方接受對己方有利的條件。

深深地一鞠躬，對方將難以抗拒

【評價】
【效　果】★★★★
【禁忌度】★★

偶爾到老牌高級旅館投宿，誇張的迎接方式總是令人驚慌失措。

才剛走下接駁巴士，從女侍到女掌櫃全體員工在玄關兩側一字排開大喊：「歡迎光臨！」深深地一鞠躬熱情迎接。

若非大公司的社長，或有頭有臉的大人物，很難以平常心面對這種情況。

而且愈是身分低微的人，愈會覺得自己變得了不起，「哎呀，特地來迎接，真是辛苦你們了。」更是趾高氣昂地昂首闊步。

接受深深的一鞠躬，能讓人沉浸在優越感之中。

可是，趁機利用這種優越感，可能有意想不到的結果。

因為受到客氣地行禮迎接，再怎麼不習慣的膽小鬼，也會**擺出穩重的態度**。

即便是面臨重要契約的決斷時，他也會頻頻點頭就此接受對方的條件。

一旦嘗到具有分量的感覺，縱使想變更對方的條件，對於討價還價將會有種抗拒感。

所以，假如對方的態度過於客氣顯得不自然，就應該懷疑是否被設計了。

不過，反之**若想讓對方感覺良好，那就禮數周到地鞠躬吧**。

尤其對方若是非常囂張的麻煩人物，一開始45度彎腰致上最敬禮，他就會自個兒沉浸在優越感之中。

若想避免無謂的麻煩，正可作為關鍵時刻的絕招，學起來絕不會有損失。

Devil's psychology techniques

藉由誇張的動作取得對話的優勢

【評價】
【效　果】★★★
【禁忌度】★★

在你身邊是否有人講話時的反應非常誇張呢？

「這麼大隻的狗對著我吠！」一邊說邊將兩手大大地張開；「車站前開了一家新店！」一邊說邊刻意指著那個方向，總之肢體動作都很過度的人。

有些人覺得這真的很煩，但以**溝通技能**的意義而言卻很優秀。因為比起全無動作的人，這種人說話時**傳達給對方的訊息量多得驚人**。

譬如以言語表現「5公分的厚度」，和用拇指與食指表示「大約這樣的厚度」，何者簡單易懂必定一目瞭然吧？

換言之，傳達訊息時動作是必需的，一旦營造出氣氛，對方即使不願意也會被話題拉走，**還能取得對話的優勢**。

即使情況略顯不利，想用氣勢說服對方時將有絕佳的效果。非常值得一試喔。

從抱怨或稱讚看清情結所在

【評價】
【效　果】★★★
【禁忌度】★★

和同事飲酒聚會時，工作的話題愈聊愈起勁並不稀奇。平日謹慎不聊八卦的人，黃湯下肚就忍不住批評主管與同事。

假如這時他忽然說：「我很討厭那種吝嗇的男人。」無意中脫口而出的抱怨絕不能漏掉。因為這種發言藏有**當事人也沒發覺的真心話**。

人在談論討厭的人時，投射出自己本身討厭的部分是常見的模式。這正是所謂的**同類厭惡**，口口聲聲說討厭「吝嗇的男人」，當事人極有可能個性十分吝嗇。

反之喜歡的類型，舉出的人必定具有自己缺乏的特質。比如他說：「我喜歡舉止優雅的人」，可見當事人缺乏這種要素，這正是他所憧憬的地方。

當然兩種說法**與當事人的情結並非毫無關係**。在想讓人大吃一驚的場面中或許能派上用場，記住不會有損失喔。

穿插對方的名字
使他專注於自己的談話

【評價】
【效　果】★★★★
【禁忌度】★★

像派對會場或聚會場合等，有大批人群的場合充滿了說話聲與聲響，想在這種地方好好交談十分困難。可能會被熟人叫住，或在意旁人的對話，彼此都容易分心。

這時不妨利用**「雞尾酒效應」**。

無論多麼嘈雜的場所，都能發覺有人叫自己的名字，總是能聽到在意的話題。

當然也能聽到其他聲音，但**人會在無意識中揀選訊息**。而只有關心的訊息會被當成重要事項挑出來。

特別是人對自己的名字會敏感地反應。所以，**在談話時要不經意地穿插對方的名字**。

如此一來，對方將不會被分心，能專注於自己的對話中。

探聽真心話時
要讓對方坐在沙發上

【評價】
【效　果】★★★
【禁忌度】★★

覺得下屬與自己有隔閡，而找他小酌一杯，這時如果邀去站著喝的店就毫無意義。

因為**人在站著說話時不太會吐露真心話**。

站立的姿勢還是難免緊張。尤其和主管一起又不能在吧檯托著腮幫子，無法打從心底放鬆。

如果想探聽下屬的真心話，不妨選擇能舒服坐下的店。如果有舒適的沙發就更無可挑剔了。儘管一開始很緊張，柔軟的沙發能讓人慢慢地放鬆身體，**具有舒緩緊張感的效果**。

讓自己的夥伴坐在中意的位子主導會議的流程

【評價】
【效　果】★★★★
【禁忌度】★★

參與會議的人很多。開會時事先確認誰坐在哪裡會有很大的幫助，這件事你知道嗎？

乍看之下漫不經心地隨意入座，其實**座位的選擇反映出各人的心理**。

在此假設會議使用的是長桌，先來瞧瞧此處隱藏了何種心理。

長桌的短邊大多是領導者或會議主席的座位，反之如果決定了領導者，其他人應避開這個座位。另一方面，積極發言的人或想掌握主導權的人，傾向於選擇長桌的正中間。

附帶一提，接近領導者的座位是輔佐領導者的人，或者多半是想巴結領導者的人。

反之離領導者較遠的座位，通常是不太積極參與的人，或是沒什麼意見的人。無論如何，可以想成對會議不感興趣的人。

因此若想讓自己的意見通過，搶個好位子非常重要。不僅得搶到中間的位子，也須注意坐在正前方的人物。

其實，**意見對立的人，很有可能刻意選擇正對面**。

所以，要設法保留這個位子給支持自己的人。

位子稍微錯開不僅能減弱對手的攻擊力，若自己兩邊是贊同者就更有信心了。

此外，如果領導者的對面也被夥伴占據，成功率更會大為提高。

總之，**會議桌每一邊的中央都有極大的影響力**。

如果四面八方都有「贊成」的意見，就能如己所願主導會議的流程。

Devil's psychology techniques

腹背受敵時
以一對一瓦解對方

【評價】
【效　果】★★★★★
【禁忌度】★★

推翻多數派的意見極其困難。縱使正面挑戰，結果也只會被忽略。這種情況下，各個擊破反而更順利。

雖說是多數派，其中也有各式各樣的人。懦弱的人儘管並非全面贊成卻難以啟齒，也有人只要跟隨別人就覺得安心。其中或許也有人未經深思熟慮，只是因當下的氣氛而贊成。

換言之，**可以斷言多數派未必堅如磐石**。

在團體中難以說出自己的意見。可是，**1對1就容易引出真心話**。

結果，他真是這樣想的嗎？也許他無法贊同這個部分，你將會得到各種意見。個別的談話，是讓對方察覺自己有不同想法的機會。

如此一來，接下來就簡單了。多數派的人已呈現分裂，即使陳述反對意見也會陸續出現贊同者。

想封鎖反對意見時 請利用「同調」的技巧

【評價】
【效　果】★★★
【禁忌度】★★

小孩在纏著要東西時，總是會說：「這套遊戲我的朋友都有～」如此聽來，有些父母會害怕只有我家小孩被排擠，出於不安而不由得買給孩子。

若指責這樣會寵壞孩子則言之過早。因為**所有人都無法反抗「大家」或「多數」這種詞語**。團體中的異議分子會被討厭早已是定論。所以，有些人不想掀起風波，不由得順從多數。這種行動稱為「同調」。

只要利用這個心理法則，就能輕易封鎖對立的意見。

比如說有個對手會反駁你的提案。這種時候，**不妨事先疏通招集贊同者**。在會議上如果大家一齊贊成，這名對手勢必難以提出反對意見。只要有多數人支持自己，**就能對反抗的「敵人」強力施壓**。

附帶一提，事先疏通時最好優先說服會贊同的人。如果告知連誰都「贊成」了，再難應付的對象也能輕易說服。

拜託麻煩事時 請選秋高氣爽的日子

【評價】
【效　果】★★★
【禁忌度】★

有些事情明知困難，也必須拜託別人。例如拜託靦腆的好友在婚禮上演說，或是明知休假有預定行程，卻得請同事假日代班。

這種時候就算合掌連聲拜託，對方也有可能不理不睬。

其實，在緊要關頭向人拜託時**天氣**非常重要。陰雨綿綿會令人憂鬱，萬里晴空則使人心情爽快，**人的心情會被天氣大幅左右**。

因此若想要對方接受請求，不妨選擇大晴天。並且最好是溼度低，秋高氣爽的晴朗好天氣。好天氣會讓人心情放鬆，**平時不會接受的請託也會順口答應**。

對方允諾後就如願以償了。之後就算他後悔為何會接受而想要辭退時，也別忘了提醒他要說到做到。

Devil's psychology techniques

藉由香味讓對方鬆懈

【評價】
【效　果】★★★
【禁忌度】★★

拜託人的時候，你是否會猶豫呢？應該盡量放下身段請託，還是輕浮地說：「拜託囉～」才有效呢？或者應該送點禮物……？

與其思考各種策略，其實有個更簡單的方法。就是讓對方聞聞「香味」。

正如香草的味道具有抑制焦躁感的作用，剛泡好的咖啡、餅乾烤好的味道**具有讓不愉快的心情變美好的效果**。

讓對方聞聞香味，**在他放心地歇一口氣時**拜託，爽快答應的機率將會提高喔。

目標對象身穿白色衣服時就是千載難逢的好機會

【評價】
【效　果】★★
【禁忌度】★★

總是穿著黑色調服裝的人，難得身穿白色服裝現身時，正是說服的好機會。

冷色系顏色令人感覺寒冷，暖色系則令人感覺溫暖，**人的心理與顏色密切相關**。美國某間大學分析了對顏色的喜好與個性的關連，結果喜歡黑色的人具攻擊性，反之喜歡白色的人則個性溫順。

話雖如此，人的心情容易改變，總是穿黑衣服具攻擊性的人，有時也會想穿白色衣服。假如約會對象難得穿白色衣服，不妨詢問：「今天你的形象很不一樣呢，怎麼了嗎？」如果對方回答：「因為今天想穿白色。」就**表示他想要順從你**。把握這個機會求婚，也許有極高的機率會成功喔。

不過，當然原本的個性仍具有攻擊性，自不用說之後還是得謹慎駕馭。

奉承女強人「身為女性的魅力」

【評價】
【效　果】★★★
【禁忌度】★★

比一般男性員工腦筋更靈光，輕描淡寫地迴避大叔們低級的笑話，任何人都另眼相看的女強人若是直屬主管，對一無是處的下屬而言肯定是難以接近的對象。

面對這樣的主管，很多人想要拉近距離時，總是對她積極工作的模樣稱讚：「真了不起！」

但是，假裝佩服她的工作態度並不管用。這種事**當事人可是一清二楚**。

與其如此，奉承能幹的女主管「身為女性的魅力」才是最佳手段。

例如讚許她做的美甲：「連指頭都保養周到呢！」或者說：「那個手提包很適合妳喔！」不妨大肆稱讚**看起來最花錢的部分**。

女人自己最中意的部分受到稱讚沒有不心花怒放的。能做到這一點，她會覺得你是一個能注意細微之處的下屬而特別關照喔。

驅使「五感」吸引對方

【評價】
【效　果】★★★★
【禁忌度】★★

雖然平時並未意識到，但我們總是驅使**五感（視覺、聽覺、觸覺、嗅覺、味覺）**吸收訊息。

因此，說話方式推動五感，人就容易獲得共鳴。為了激發對方的想像力，內容得真實地傳達。

雖說如此，哪種感覺最常使用則是因人而異。這稱為**「優先感覺」**，大體上在青春期就已經定型。

不過必須注意，**若不配合對方的優先感覺，再如何費盡唇舌也話不投機**。

譬如要表現剛烤好的麵包時，各個類型會如何描述呢？

視覺型……「烤成漂亮的褐色」

聽覺型……「撕開麵包皮時有嚓的一聲」

觸覺型……「外皮酥脆，內裡鬆軟」
嗅覺型……「散發出誘人的香味」
味覺型……「愈嚼愈有甜味」

同樣是麵包，看法如此大不同。若留意平日的對話，大多可以看出對方是哪種類型。

多用色彩與形狀等表達眼見事物的人是視覺型，重視聲響與聲音則是聽覺型。

因此，看清應以何者為優先，**選擇適合對方的表現即可**。

假如不清楚對方的優先感覺，或者面對群眾時，談話時不妨均衡地摻雜這些「感覺」。

不利的訊息依呈現方式也能變得有利

【評價】
【效　果】★★★★★
【禁忌度】★★

超市接近關門時間便當半價出售時，不少人會趁機衝去購買。因為沒賣完才打折，背後的原因一目瞭然。

至於並非特賣期間，一直很想買的名牌鞋為何打五折呢？這種情況，立刻衝去搶購的人必定少了許多。即使不清楚打折的理由，心裡也會不禁**猜疑：「或許是仿冒品」**。

可是，價格標籤若毫不隱諱地寫上「瑕疵品」則另當別論。如果知道破盤價有其理由，便容易下手購買。

若公開對當事人不利的資訊，人就會對那個對象抱持好感。換句話說，若公開原因，半價的划算感覺就能讓人**更添安心**，一舉提升購買的意願。

而且日本人無法抗拒限定商品。有問題的商品也稱得上「限定商品」，因此不自覺地有所反應。

利用限定的標題激發購買欲

【評價】
【效　果】★★★
【禁忌度】★★★

信步所至的餐廳因客滿而無法入座，偶然經過的店家某種甜點掛出「本日已售完」的牌子——碰上這種情形，你是否無論如何也想去那間餐廳，或吃吃看那道甜點呢？

其實，稀有或難以入手的東西更有魅力，能激起欲望。這正是所謂**無理要求的心理**。

假如想刺激顧客的購買意願，不妨利用「只有現在才能入手」、「限定○○個」、「已售完。等待進貨」等**限定的標題**。這些標題藏有**讓原本並不感興趣的商品，變成很想要的商品的效果**。

這不僅限於工作，也能應用於戀愛。

另一半約你出門很令人高興，偶爾推托工作忙碌拒絕看看。結果無法見面的時間，更會加深對你的思念。

以「大拍賣」這3個字呈現划算的感覺

【評價】
【效　果】★★★★
【禁忌度】★★★

見到「大拍賣」這3個字，任何人都會覺得絕對划算。而且看到價格標籤定價被紅線劃掉，再標出折扣價格，不自覺地就想伸手拿起商品。

可是，真的買得划算嗎？也許是以破盤價採購，再標上正式售價而已。

不過，姑且不論業界人士，**客人並不清楚店家的潛規則**。總之，「大拍賣」確實是能刺激購買意願的詞語。

並且，**如果大拍賣的理由簡單明瞭，更能增加划算的感覺**。

譬如「清倉大拍賣」，可以想像是不想將庫存留到下期；「倒店大拍賣」則是為了處理庫存，都很清楚易懂。

另外，「有理大拍賣」明示實際上是「有理由的」，倒也能夠令人理解。

清楚定出大拍賣的理由，光這樣便能招攬客人。

Devil's psychology techniques

替想推銷的商品弄個排行榜

【評價】
【效　果】★★★
【禁忌度】★★

在店頭看到**「現正熱賣中」**的ＰＯＰ廣告，不知為何對那件商品產生了興趣。

即使第一次看到，也會突然感興趣：「喔～這賣得很好啊？」接下來會想知道內容：「這是什麼？」然後注意到價格：「到底賣多少錢？」並且，如果是可以接受的價格，幾乎是毫不猶豫地掏出錢包。

這句「現正熱賣中」作為**購買行動的契機**非常出色。

另外，店裡**標示的排行榜**也有相同效果。若有想推銷的商品，就應完全活用ＰＯＰ廣告等宣傳手段。

如果最後的場面成功就能一舉提高好感度

【評價】
【效　果】★★★★
【禁忌度】★★

總算順利約到中意的女孩子。

可是，預約的時髦餐廳口味比起評價差了一點，好像不合她的口味而有損她的心情。

即便如此也不用因期待落空而沮喪。有一條祕計能在當天挽回局面。

人類有種稱為**「親近效果」**的心理，無關於之前的過程，**最後的印象能影響之後的判斷**。

像這個例子，在約會的最後帶她去珍藏的夜景景點，說幾句能打動芳心的話即可。

如此一來，比起白天在她心裡留下洩氣的記憶，眺望美麗夜景，被追求的記憶將更加強烈。當然也會提高對你的好感度。

結局美滿就皆大歡喜。在擬定約會計畫時，比起挑選共進午餐的餐廳，最後絕不能草草收尾才是鐵則。

要撒魚餌給上鉤的魚時須看清時機

【評價】
【效　果】★★★
【禁忌度】★

在到手前投入金錢與感情，用盡一切手段，一旦得手後突然就不再花錢費工夫。若是絕不放過獵物的獵人，通常不會撒魚餌給釣到的魚。

可是，**原本是用魚餌釣到才發展關係**，沒了魚餌兩人的關係就會惡化，這可是明若觀火的事實。

不過，要是給了過多的魚餌，遲早也會不再感激。

要馴服用物質衡量愛情的對象，請**先重設為沒有任何禮物的狀態**。如此對方的不滿高漲，在爆發前再次注入金錢與愛情。

一度陷入空腹狀態，就連一片仙貝也能滿足心靈。陷入精神上的飢餓狀態後，此時的禮物會異常甘美。

重點是撒餌時要看清時機。

使對方與自己的心思無所遁形

禁斷的心理測驗 No.1

Q. 你都如何握手？

A・用力握手

B・用雙手握手

C・上下用力擺動

D・用右手握手，左手搭在對方的肩膀或手臂上

E・握住指頭

★診斷★

從本測驗可得知…

你的人品

……選擇 A 的人……

競爭心與對抗意識強烈。

……選擇 B 的人……

善於交際。

……選擇 C 的人……

忽冷忽熱。

……選擇 D 的人……

執著於地位與名聲。

……選擇 E 的人……

照顧周到十分謹慎。

使對方與自己的心思無所遁形

禁斷的心理測驗 No.2

Q. 你如何用刀叉吃牛排？

A．從左邊切一口吃一口（左撇子則是從右邊）

B．從右邊切一口吃一口（右撇子則是從左邊）

C．一開始全切成一口大小再吃

D．從中間切成兩半，切一口吃一口

E．切法、吃法總是不一樣

★診斷★

從本測驗可得知…

你的待人能力

……選擇 A 的人……

將自己想法強加於人，有常識的人。

……選擇 B 的人……

溫和體貼，與周遭協調的類型。

……選擇 C 的人……

愛恨分明，愛幫助人。

……選擇 D 的人……

與其思考不如行動的社交型。

……選擇 E 的人……

忽冷忽熱有些自我本位，不善交際。

使對方與自己的心思無所遁形

禁斷的心理測驗 No.3

Q. 家裡失火你會帶什麼逃生？

A．錢包

B．手錶

C．杯麵

D．西裝

E．相簿

★診斷★

從本測驗可得知……

你的「工作能力」

……選擇 A 的人……

掌握事物整體冷靜行動的人。工作能力非常強。

……選擇 B 的人……

工作積極，精明幹練。工作能力十分出色。

……選擇 C 的人……

爽朗善於照顧人，工作能力也不錯。

……選擇 D 的人……

責任感強，個性認真。雖然能幹，卻會被壓力弄壞身體。

……選擇 E 的人……

浪漫、感受性豐富。在創造性的工作能發揮實力。

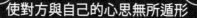

第2章

從習性與動作看穿對方本性的方法

忙碌時卻開始做無關緊要事情的人其實自尊心很強烈

【評價】
【效　果】★★★
【警戒度】★★★★

很明顯時間不足，再怎麼掙扎也趕不上截止日期。縱使情況如此，一般人至少會努力堅持到逼近截止時間。

可是，也有人放棄一切努力，開始做無關緊要的事情。像是突然開始整理桌子抽屜，或是從書架上拿漫畫來看……。

這種在他人眼中做出莫名其妙行動的人其實**自尊心很強烈**。埋首於現在不應做的事，一旦趕不上時才能找藉口：「哎呀～我一開始整理東西就會停不下來～」換言之**只是想表達**，在期限前無法完成工作，**並非因為自己能力差**。自尊心太強的人才會有這種奇妙的邏輯。

如果在眾人面前責備這種人應該盡全力到最後，他的自尊心受損可能會節外生枝。真要責備的話，最好選個沒人的地方。

Devil's psychology techniques

觀察點餐方式 就可看出他的適應性

【評價】
【效　果】★★★★
【警戒度】★★

幾個人在餐廳用餐時，觀察一下誰在何時點了什麼？因為從如何點餐，能瞭解這個人對周遭的適應性。

適應性最高的人，會配合大家點的餐點中最多的那一項。因為覺得：「只有自己點不一樣的餐點太突出了。」所以等其他人都點了最後才點餐。這種人**適應性雖高卻缺乏決斷力，也不會清楚表達意見**。

另一方面，不管旁人點什麼，就只點自己想吃的東西的人，適應性較低。這種人我行我素，一旦決定就不改變自己的意見，在團體中**經常是不受歡迎的人物**。

從眨眼次數得知對方內心的動搖程度

【評價】
【效　果】★★★★
【警戒度】★★★

一般人1分鐘內眨眼20幾次。這是無意識的動作，連當事人也幾乎不會察覺，其實藉由眨眼能推測對方的心理狀態。

譬如有時會看到遠遠超出平均值，眼睛眨個不停的人，眨眼次數多的人可視為非常緊張。自己感覺到立場岌岌可危，有不可告人的事，或出現不想觸及的話題時，總之覺得不舒服，**內心便會開始動搖**。

此時看似能一舉進攻的機會，但也未必能夠斷言。

如果對方是懦弱的人，可以威逼對方。但是有的人過於緊張，反而會有攻擊性。對這種人採取強硬的態度可能會起爭執。

反之，若不想被察覺自己的緊張可以**睜大眼睛，減少眨眼的次數**。

Devil's psychology techniques

觀察腳掌的方向 可得知對自己的好感度

【評價】
【效　果】★★★
【警戒度】★★★

言語和表情可以掩飾，雙腿卻容易洩漏真心話。坐著的對象若是膝蓋與腳尖正對自己，可判斷為有好感，並且對談話內容有興趣。

人對於有好感的對象，雙腿自然會朝向對方。

另一方面，**雙腿若對著其他方向，表示並未敞開心房**。即使算不上討厭，但他有興趣的對象並非眼前的人。

另外若對方腳尖對著出口，可能心裡想要趕快離開。

此時最好轉變話題，或早早結束對話。

觀察指頭
便可判斷對方是否在說謊

【評價】
[效　果]★★★
[警戒度]★★★

態度與語氣非常有自信，但仔細一瞧手指卻動個不停。尤其若是說大話的人有這種動作，你是否會有種奇妙的感覺？

無論嘴上講得多從容，手指的動作能表達內心。其實他的**內心正在與不安奮戰**。

譬如在說明新商品與新服務時，如果手指不停地敲桌子，或是輕輕地搓雙手手指，**可能話中夾雜了謊言**。

假如被拆穿了該怎麼辦？被指出錯誤時該如何敷衍……？心中的一抹不安使指頭產生無意識的動作。

尤其一段說明結束後，一邊詢問：「您覺得如何？」一邊動手指想必非常可疑。這時候保險起見應「提高警覺」。

習慣玩弄東西的人脾氣很彆扭

【評價】
【效　果】★★★
【警戒度】★★★★

聽人說話時一直玩弄手機，或觸碰桌上的東西，或者頻頻拿手巾擦拭桌子……。

這種習慣玩弄東西的人，假如你約他：「等一下一起去唱卡拉ＯＫ吧！」他會有何反應呢？

你可別期待他會興致高昂地回答：「好啊！」因為習慣玩弄東西的人**大多脾氣彆扭**。

他不會老實地贊成提案，而是先說：「喔。」表現出沒興趣的態度。可是，他也不是真的反對，假如你問：「唱卡拉ＯＫ和打保齡球，你選哪一個？」他可能會回答：「唱卡拉ＯＫ好了。」

總之，**自尊心不允許他老實地配合，若是自己選擇則ＯＫ**。雖然這種人有點麻煩，但只要改變問法就能隨心所欲地推動他。

Devil's psychology techniques

一回到公司就立刻鬆開皮帶的職員沒想到很能幹

【評價】
【效　果】★★★
【警戒度】★★

下屬從外頭回來一放下公事包，就立刻鬆開長褲的皮帶，一股腦地靠在椅背上休息，這時可不能怒罵他：「真是邋遢！」

在公司裡能不在意旁人眼光完全放鬆，這種人其實是**相當能幹的人**。

無論如何，簡直像回到家裡的行為，**表示他對公司非常眷戀**。公司正是自己生活的一部分，所以才能公私不分竭盡全力。

而且在回到公司前內外有別，在外頭時穿著整齊，因此也受客戶歡迎。

對這種職員不用計較小事，**讓他隨心所欲地行動**。他鐵定會是意想不到的戰力。

Devil's psychology techniques

表現很誇張的人是自以為是的獨善家

【評價】
【效　果】★★★
【警戒度】★★★★

運動賽事實況轉播時，你是否聽過播報員感動落淚，驚呼連連呢？乍看之下真是充滿人情味的熱血男兒，但多數情況表現得太過火，播報的內容也沒什麼，大多太過誇張，脫離現實。

換句話說，只不過是被當下的氣氛感染，而**無法控制自己的情感**。

而且由於陶醉於自己的表現，沒有餘力觀察周遭的反應。這也是**自以為是，以自我為第一優先的人**。情緒容易被感染，熱情高昂的確有利用的價值，但最好記住，這樣的人能否打從心底信任要打上個問號。

Devil's psychology techniques

觀察直盯著看的對方嘴角
便可知是敵是友

【評價】
【效　果】★★★★
【警戒度】★★★★

和異性面對面談話時，對方若盯著自己的眼睛看，不由得會心跳加速呢。

你可能會誤以為：「他該不會喜歡我吧？」

可是，其實看著對方的眼睛有2種意思。

第一，**對對方有興趣時**。

例如：「他是怎樣的人？」或「我想更瞭解他。」出於這種心情，就會直盯著對方。

正如「眉目傳情」一詞，**想從眼神與表情，瞭解他的內心**。這種情況十之八九懷有好感。

至於第二，是**帶有敵意看著對方的眼睛時**。

內心藏有「不想輸給他」的**強烈競爭心**的時候，會發出銳利的目光。

就是所謂的「直盯著看」。

附帶一提，如果分不清對方的目光帶有善意或敵意時，不妨觀察對方的嘴角。

確實盯住自己的目光，若是嘴角緊閉肯定是帶有敵意。目光筆直凝視對方使之動搖，就是想占上風的證據。

面對這種人，**最好**不認輸地還以顏色，**引起對方失誤拿出魄力對峙**。

反之，目光交會嘴角肌肉鬆弛，甚至一副色瞇瞇的樣子時，肯定是對你有好感。

該如何衡量與對方的距離，全依你而定。

老是提起當年勇
是因為想逃避現實

【評價】
【效　果】★★★
【警戒度】★★

「我年輕時可是吃足了苦頭。」絮絮叨叨地聊起當年的主管令人頭疼。不少人一定心想：「我聽過幾百遍了……」然後置若罔聞。

以前的辛勞與豐功偉業很顯然是**一種現實逃避**，當事人也十分清楚。儘管如此仍忍不住話當年，正是**對現在的自己缺乏自信**。

大談以前的功勞，是因為**想藉由談論過去的成就讓現在的自己好過一點**。另外，無法不聊過去的辛苦，是想藉由比較過去的自己，來肯定現狀的心理表徵。

的確，這種聽過幾百遍的內容令人討厭，但仔細一想，聊一聊就能恢復自信倒也是個好方法。

雖然稱不上「不聽老人言，吃虧在眼前」，不過別嫌囉嗦，偶爾正襟危坐地傾聽或許也不錯。

Devil's psychology techniques

雙腿大大張開的人 想讓自己看起來很有氣勢

【評價】
【效　果】★★★★★
【警戒度】★★★★

在客滿的電車上有人滿不在乎地張開雙腿坐著，通常你也不敢對他說：「你造成別人的困擾了！」因為這種人就是藉此擺出「傲慢的態度」欺壓別人。

實際上，張開雙腿坐下的人，想讓自己看起來很有氣勢。姑且不論外強中乾，只想從外表突顯自己造成壓迫感。換言之，他**心裡輕視別人**。

會有這種想法，本身就是內心脆弱，但也可以反過來利用這一點。**面對討厭的對象或想贏過的人，就斷然張開雙腿坐下**。如此一來，比起老實地膝蓋併攏坐著絕對看起來更強悍。藉此將不再被輕視。

坐不住是「想走人」的信號

【評價】
【效　果】★★★★
【警戒度】★★★

儘管嘴上說：「時間還好。」屁股卻扭個不停，上半身也頻頻左右搖晃，就是這個人想離開的證據。

身體左右搖晃，當然是為了移動體重，想回家卻走不了的人會心神不定地**頻繁地動來動去**。如果目光一直飄向房間入口，肯定是這麼回事。

即使真的有時間，但因為**想要盡快離開現場，身體就會變本加厲地動來動去**。儘管坐著，雙腳卻逐漸朝向入口，嚴重時明明正在談話，屁股卻已經離開座椅了。

要是看到這個「信號」，就別再長篇大論，趕快放對方走吧。

若不這麼做，對方就會認定「來找這個人真是受夠了」，之後無論有沒有時間，他一來就會發出想離開的信號。

Devil's psychology techniques

身體貼近的人別有用心

【評價】
【效　果】★★
【警戒度】★★★★

譬如搭電車時，儘管空出了座位，其他乘客立即在身旁坐下，你是否會感到不快呢？

這是因為**個人空間**受到侵犯。個人空間指的是別人踏入就會感到不快的範圍，與對方的關係將會改變空間的大小。

關係愈親密，個人空間就愈小。若是能接受少於50公分，就是非常交心的朋友。

這種心理能反過來利用，其實**與對方的距離愈近，愈容易接受請託**。接近的距離能表現出親近感，所以店員走近客人身邊搭話，也是期待這種效果。

此時各位得注意**有意識接近自己的對象**。或許他**別有用心**，想要你接受某些要求。這時冷靜地應對可是關鍵。

附帶一提，也有人毫無任何意圖，卻無視個人空間無禮地闖進來。對於這種遲鈍的人，就若無其事地保持距離吧。

Devil's psychology techniques

從挨罵時的反應瞭解他的本性

【評價】
【效　果】★★★★★
【警戒度】★★

帶領下屬時，總免不了責罵的場面。此時不妨仔細觀察下屬的反應。因為**處於精神壓力下會顯現出人的本性**。挨罵時的反應大致可分成4種類型。

・立刻道歉
・找藉口
・推卸責任
・反駁

立刻道歉的人看來謙虛又老實。可是換個角度來看，先道歉想就此了事的人很不可靠。或者縱使低頭了，也有可能**內心不滿**，如果道歉後展現彌補的態度則可以信任。

另外，隨便找藉口想逃避的人，則是**精神面不成熟，個性任性的人**。無論交代他什麼都有擺爛的危險。

另一方面，碰到問題就推卸責任的人算是**缺乏責任感**。嚴厲斥責他可能會惱羞成怒，放任不管他也許會誤以為被原諒了。這時應暫且觀察形勢，等待下屬面對自己的責任才是上策。

最後是反駁的類型，這種人**既頑固又難以駕馭**。可是，如果反駁得有條有理倒也算是有骨氣，或許是出乎意料的人才喔。

斥責的行為，也算是**瞭解對方深層心理的大好機會**。

從下屬站的位置得知對主管的敬意

Devil's psychology techniques

【評價】
【效　果】★★★
【警戒度】★★★

自己在上位才懂得各種道理，不過與下屬的關係還是最棘手的。尤其近來的年輕人不喜歡喝酒交際，身為主管是否獲得信任是大家都在意的問題。

如果想知道，就注意一下對話時下屬站的位置。**自己與下屬之間的距離感，與親近感成正比**。

譬如擦身而過時你說了一聲：「嘿。」他卻明顯地後退，低下頭避開視線，別說親近感，這名下屬可能對你懷有嫌惡感。

但也是有完全相反的情況，愈難以親近愈是尊敬，此種情況依照**從表情感受到冷淡或緊張**就能判斷。

面對主管「嘿」的一聲招呼，如果下屬吊兒郎當地回一句：「唷～」這倒是無須在意，如果能圓滿完成工作，相較之下表現排斥反應的下屬或許更麻煩。

Devil's psychology techniques

把下屬叫到自己辦公桌前的主管是想讓對方服從

【評價】
【效　果】★★★
【警戒度】★★★

職場上與主管合不合得來十分令人在意，就算主管也未必是有修養的人。雖然也得看對象，搶先一步對應才能建立圓滿的關係。

譬如向下屬下達指示時，「喂～過來一下。」故意把人叫到自己辦公桌前的主管最好謹慎以對。

自己不動卻對下屬頤指氣使的主管，是**想向旁人表現自己處於上位**。不僅如此，若是大聲說出指示讓旁人聽到，這種傾向更為顯著。

這種主管簡言之就是**權威型**，誤以為能隨心所欲使喚下屬。通常內心是膽小鬼，但在懦弱的另一面，這種人也會**滿不在乎地利用立場干涉人事**。

如果想要出人頭地，就算麻煩最好還是乖乖站到他的前面。

從就座時以何種角度入座可窺知人際關係

【評價】
【效　果】★★★
【警戒度】★★★★

在開會等場合，許多人到會議桌就座時，對於不合或不擅於應付的人，你是否會挑距離遠一點的座位？

其實，選座位是**探求對方心理的線索**。

譬如你坐在長桌一邊的角落。假設除了你沒有入座的人。

首先，隔著桌角彼此呈90度的座位，是能夠非常放鬆方便交談的位置。

選擇這裡的人是友好的人物。假如一起工作，他將會爽快地協助。

另外，同一邊並排的座位目光不會相對，不容易產生緊張感。是俗稱「戀人位置」的座位。距離上親密度較高，想必對你帶著善意。或者有事想商量的人，也多半會選擇這個座位。

另一方面，正面的座位看似是傳統的位置，但彼此目光相對的緊張感最高。

其中也有想認真商談的人，但要注意和你持有對立意見的人也有選擇這裡的傾向。

如果不想要意見交鋒，不經意地換個位子避免目光相對或許也不錯。

並且，雖是理所當然，但同一邊與另一邊，而且距離遠的座位並不適合對話。

坐在這裡的人可能對你沒興趣，或是想避開你。最好別去招惹他們。

如此觀察過後，**或許能看透微妙的人際關係**。

附帶一提，如果坐在對方慣用手的90度位置，則能沒有戒心的談話融洽。另外，若保留右邊的位置，自己將容易發揮領導能力。

Devil's psychology techniques

「空白郵件」沒收到回覆，表示自己在對方心中可有可無

【評價】
【效　果】★★★
【警戒度】★★★

有的人總是和藹可親，卻有些裝模作樣，令人無法完全信任。儘管表裡分明，卻**看不透他的真正心思**。

儘管不信任別人親切待己內心會感到愧疚，但是實在心有疑念時，不妨寄出空白郵件確認對方的真意。

假如認識的人寄給你一封空白郵件，你會有何反應？若是交情不錯的人或在意的對象，儘管你心想只是按錯了，大概也會回覆：「你寄了空白郵件喔。」

反之，若是不好應付或可有可無的人，你應該不會特地回信。

因此可以判斷為——

如果寄了空白郵件卻毫無反應，無論平時多麼親切，**很有可能你在對方眼中是可有可無的人**。明白這一點，將不會迷惘該如何來往了。

Devil's psychology techniques

對於頭髮稀疏與白頭髮的處理方式可以得知他的性格

【評價】
【效　果】★★★
【警戒度】★★

年歲增長最在意的事情之一，就是頭髮的問題。男性很在意禿頭或頭髮稀疏，女性也有人很在意白頭髮，從面對頭髮問題的處理方式，也**能得知這個人的個性與生活態度**。

首先，不遮蓋稀疏的頭髮或白髮，呈現原原本本的自己，這種人適應性強，**面對任何事都能在自然的趨勢中接受**。對於目前自己的人生也有一定程度的滿足，不假修飾、坦率而受到周遭人們的仰慕。

相反地，將白髮染黑顯得不自然，利用假髮或髮型掩飾頭髮稀疏的人，**有點華而不實的傾向**。總是在意自己在旁人眼中的模樣，即使違反年齡也想保有年輕的自己。這種人積極進取，無論幾歲總是持續挑戰新興趣與新工作。

另外，反正頭髮稀疏就乾脆將頭髮全部剃掉的人，或者把白頭髮染成粉紅色或紫色的人，**非常正向，善於交際**。對於自己稀疏的頭髮或白髮，能夠樂觀自嘲、一笑置之的也是這種人。

以人品判斷別人的人
討厭誤入歧途

【評價】
【效　果】★★★
【警戒度】★★★

必須作出重大決策的時候，以什麼為基準決定事情因人而異。有人以價格或效率為基準，也有人以美觀漂亮為優先。

其中「我相信他的人品才交給他。」或「那位社長有點那個，所以我不會採購那間公司的產品。」以人品為基準下決定的人，**是重視人際關係的類型**。

這種人大多傾向於重視對方的情義、親切或強烈的責任感，**平時也努力**讓自己在旁人眼中是人格高尚的人。如果受到周遭人們依賴，他也是能身先士卒的可靠人物。

但是，正因以人品為判斷基準，如果不符基準可就不得了了。

必須注意一旦他覺得：「我無法原諒這種人。」就很有**可能無法得到他的原諒**。

Devil's psychology techniques

在房間裡也不脫帽的人
對時尚很講究

【評價】
【效　果】★★★
【警戒度】★★

有人總是戴著帽子就像他的註冊商標。在室內戴著帽子似乎沒有意義，可是為何他不脫下呢？其實這有著他**對「平衡度」的堅持**。

他個人的時尚包含帽子在內才是完成整體，**如果脫下帽子就會失去整體的平衡**。只是因為這個理由，無論在朋友房間或在居酒屋喝酒時都戴著帽子。

老實說，脫下鞋子的那一刻就已失去平衡，不過這一點他倒是不介意。

嚴守禮節的人或許會想開口：「在室內要把帽子脫掉。」不過既然是當事人的堅持，若非正式的場合，**就隨他高興吧**。

對於初次造訪的場所有何反應可得知樂天或悲觀

Devil's psychology techniques

【評價】
【效　果】★★★
【警戒度】★★★

企劃提案時，事先瞭解對方是樂天或悲觀的人便容易推動。不過，究竟要從何處分辨呢？

其實，觀察對方**對於初次造訪的場所有何反應，或如何對待初次見面的人**便容易明白。樂天的人在出發前很積極，「好想快點出發！」或「很期待和他見面！」即使在第一次去的地方迷路了，也是一副無憂無慮的態度：**「總會有辦法的。」**對於初次見面的人也積極努力地建立關係。

另一方面，悲觀的人總是言語中流露不安與擔憂：「真擔心能否到達目的地？」或「如果對方不好相處就慘了。」無論到哪裡總**是接二連三浮現不安要素**，對於初次見面的人也無法立刻相處融洽。

明白對方的類型後，接下來只須**依類型對應**。對於樂天的人提案時強調實際面，對方就容易配合；對於悲觀的人應該包含風險都仔細說明，留意要去除不安的要素。

Devil's psychology techniques

喜歡獨自旅行的人是完全的樂觀主義者

【評價】
【效　果】★★★
【警戒度】★★

旅行時能充分表露每個人的個性。

例如喜歡團體旅行等套裝行程的人，通常是注重安全謹慎的人。按照既定行程行動，即使旅行途中發生事故，導遊也會協助解決。這種人很重視安心感。

相反地，喜歡獨自旅行的人則是完全的樂觀主義者。**「無論碰上什麼事總是有辦法的。」**任何事都樂觀思考。

因此，樂觀主義者甚至期待發生變數，這樣反倒有趣。無論發生何事，他都相信：**「壞事不會發生在我身上。」**

他也是能獨自開創道路，內心堅強的人，碰上困難時非常可靠，可是這種人參加團體旅遊時很有可能引起糾紛。也許他會單獨行動，或做出過分的行為擾亂團體的和諧，這點得注意。

身上穿戴愈多配件的人戒心愈強

【評價】
【效　果】★★★
【警戒度】★★

脖子手腕上戴了好幾條項鍊或手鐲，耳垂上穿了好幾個洞，指頭上也戴著數枚戒指，和這種人相處可得注意。

身上穿戴過多飾品的人和外表不符，**是對自己有強烈情結的人**。

乍看感覺善於交際，其實心裡總是感到不安，是否被人討厭？或者被看不起？

對於這種人，**絕不能開玩笑**。更何況感情也不算很好，一開始就以對等的語氣攀談，他就會抱持戒心，心想：**「他瞧不起我。」**

另外，如果對他的話隨便吐槽，之後他可能會鬧彆扭。為避免衍生無謂的糾紛，應盡可能客氣地往來。總之**別刺激他的情結**，才是最好的來往方式。

喜愛華麗穿著的人 其實個性很樸實

【評價】
【效　果】★★★
【警戒度】★★★★

在東京原宿或澀谷穿著華麗逛街的年輕人，如今不算罕見。一般人以為這種人「喜歡引人注目，善於交際」，其實通常正好相反。

因為就心理學而言，穿著是**「想變成這樣」的深層心理表徵**。實際上，他們個性內向消極，為了隱藏自己，出於**「想當一個開朗、活潑的人」**的願望，才刻意打扮華麗。

順帶一提，這種人在學生時代非常樸素，簡直判若兩人。其中不少人一直很討厭不顯眼的自己，趁著到東京找工作的機會華麗變身。

Devil's psychology techniques

一臉少爺模樣的人 欠缺人情味

【評價】
【效　果】★★
【警戒度】★★★★

最近不只女性，也有男性非常在意年齡增長所形成的皺紋與老人斑，而去做全身美容或整型，但並非外表年輕就是好事。風霜會寫在臉上，對應年齡累積經驗，飽嚐辛酸的人臉上十分有韻味。

另一方面，從小讓父母栽培，人生一帆風順，最後透過父母的關係就業，沒什麼特別的成就也能領薪水度日，這種人大多皮膚光滑，正是所謂的**「少爺模樣」**。

一臉少爺模樣的人未經風霜，的確外表比實際年齡還年輕，卻有點像外星人。既有錢，也不用為家人奮鬥，所以缺乏生活感。

不過，因為他慷慨大方，你可能不自覺地與他交心。可是，如果你認為「我們是朋友」，**很有可能被無情地背叛**。因為他**欠缺人情味**。保持一定距離來往或許還好，但避免過從甚密才是保身之道。

Devil's psychology techniques

從對方瞬間的表情變化看穿是否為客套話

【評價】
【效　果】★★★
【警戒度】★★★★★

「〇〇先生要不要一起來？」

好幾天前約好的飲酒聚會，當天卻突然受邀。這種邀約是並不希望對方來，只是姑且邀約免得尷尬的客套話？還是真心的邀約呢？實在難以判斷。

為探求真意，不可錯過稱為**「微反應」**的**對方的小小變化**。

「不了，可惜我今天有事，沒辦法去。」在拒絕時，如果對方肩膀瞬間垮下，眉毛彎成「八」字眉，就是真的很沮喪的證據。

反之，要是嘴上說：「是喔，真可惜。」身上卻沒有可惜的動作與表情，那就只是客套話。既然對方對你沒興趣，你也不用特地赴約。

不過，這真的是極微小的反應，而且**瞬間就會消失**，必須小心翼翼，並且若無其事地觀察。

使對方與自己的心思無所遁形

禁斷的心理測驗 No.4

Q. 被主管責罵時，你會瞬間脫口而出哪句話？

A.「非常抱歉，一切責任在我。」

B.「我是依照指示進行的……」

C.「搞砸啦！」

D.「對不起，我真是蠢蛋。」

★診斷★

從本測驗可得知…

你出人頭地的能力

……選擇 A 的人……

能夠乾脆地承認錯誤道歉，出人頭地的能力相當強。深受主管期待。

……選擇 B 的人……

推卸責任想逃避失誤的人。如果主管也是同類，或許能出人頭地。

……選擇 C 的人……

置身事外，態度毫不反省，不求有功，但求無過的人。缺乏上進心，也沒有解決問題的能力，出人頭地的能力極低。

……選擇 D 的人……

儘管嘴上貶低自己，其實充滿自信。在被罵「都是你的錯！」之前先自己開口，正是善於處世的證據。

使對方與自己的心思無所遁形

禁斷的心理測驗 No.5

Q. 你會習慣不自覺地對眼睛做什麼動作？

A・摸眼角與眼尾

B・用手指揉眼皮

C・不停地眨眼

D・慢慢地眨眼

★診斷★

從本測驗可得知…

你劈腿的危險度

……選擇 A 的人危險度達 80%……

摸眼角與眼尾是想讓視野變清楚。假如眼前出現喜歡的類型，必會展開行動不放過機會。

……選擇 B 的人危險度達 60%……

揉眼皮與 **A** 相同，是想看清眼前事物的心理表徵。劈腿的危險性算高。

……選擇 C 的人危險度達 40%……

個性認真細膩，雖與劈腿無緣，不過一旦出軌，認真劈腿的可能性很高。

……選擇 D 的人危險度達 10%……

閉眼的時間較長，是不想正視現實的心情表現。覺得劈腿很累，所以不想出軌。

使對方與自己的心思無所遁形

禁斷的心理測驗 No.6

Q. 你喝醉時會有何改變？

A・聒噪地講個不停
B・走來走去敲打東西
C・垂頭喪氣變得很陰沉
D・酒醉後很愛哭
E・引吭高歌

★診斷★

從本測驗可得知…

你的本質

……選擇 A 的人……

個性一絲不苟，不屈不撓。對任何事都很認真。

……選擇 B 的人……

不喜歡按照規矩，自由自在的人。

……選擇 C 的人……

做任何事都很順利的行動派，個性卻容易感到不安。

……選擇 D 的人……

明明很努力，卻容易遭到背叛的人。

……選擇 E 的人……

善於交際，愛幫助人。非常可靠。

第3章

讓對方說出「Yes」的技巧

想讓對方說出「Yes」就問：「何者較好？」

【評價】
【效　果】★★★
【禁忌度】★★★★

無論多麼瑣碎的內容，開口拜託別人時可不能弄錯方式。

尤其像「我想交給你一件麻煩的工作」、「我想變更約定的行程」，雖然難以開口，若被拒絕可就傷腦筋了，做出這種請求時需要一點技巧。

就是先**別給對方回答Yes、No的選項**。其中關鍵是，**應以對方會接受請託為前提再詢問**。

比如說你向對方開口：「我負責的客戶能分一些給你嗎？」結果通常只會被拒絕：「不行，我也是忙得不可開交。」

你應該換個說法：「A公司與B公司，**你能接手哪一邊？**」如此以接受為前提，便能引導對方回答：「A公司比較好吧。」

同樣地，「我想變更下次見面的行程……」也應換個說法：「我想變更週日的行程，換成何時較好？」不能給予對方否定的機會。這種帶有前提的問法非常好用，不妨記住這個訣竅。

Devil's psychology techniques

若想讓對方如己所願 不妨刻意否定

【評價】
【效　果】★★★
【禁忌度】★★★

一般而言與其否定，使用肯定的表達方式能讓事情順利進行。儘管確實如此，但刻意使用否定的表達方式也能控制對方的心情。

「告訴我。」若直截了當地追問，一般人反而會口風緊閉，但假如說：**「你不想講也沒關係。」**對方反而會吞吞吐吐地開口。

這是美國心理學家欽巴洛命名為**諷刺效應**的逆轉現象。換言之，試著否定自己所希望的事，結果就能如己所願。另外，在否定後加一句：「除非你想～」效果更是加倍。

巧妙利用點頭
引誘對方說出「Yes」

【評價】
【效　果】★★★
【禁忌度】★★

善於傾聽的人通常是邊點頭邊熱情地聆聽。「嗯，嗯。」因為他聽話時身體向前傾，自然使人滔滔不絕說得更起勁。

如此，自然對對方懷有好感，當自己說完換對方開口時，自已也是充滿善意地聆聽。

若巧妙利用這種**「點頭」的特性**，就能輕易引導對方說出Yes。

換言之，點頭肯定對方的話：「是啊。」、「正是如此。」對方對你也會表現出肯定的態度。這時你可以不經意地切入正題：「下次活動我想用這個提案。你覺得如何？」

重點是**聽對方回答時也要熱情地點頭**。眼前的對象並不想破壞難得的友好氣氛，即使對方心裡不快，「是啊，我覺得這提案不錯。」他也很有可能回答Yes。

Devil's psychology techniques

只要講：「大家都這麼說」瞎操心的人也會閉嘴

【評價】
【效　果】★★★★
【禁忌度】★★★

瞎操心的人在自己的迷惘消除前通常會不斷質問對方。

譬如有個利用知名飯店與航空公司的廉價旅遊行程。怎麼看都是個划算的方案，簡直是挖到寶。

可是，為什麼這麼便宜……？為了找出原因，不安的人會不斷質問負責人：「為什麼這麼便宜？」、「料理的等級真的跟圖片相同嗎？」、「飛機安全嗎？」

不過即使說明了原因，「真的嗎？」他仍會投以懷疑的眼光。若想讓這種人放心，只須面帶微笑簡單講一句：

「大家都這麼說。」

縱使明知社會上有各種意見，但我們還是很容易認為自己的想法正確，那些持有不同意見的人則被當成「怪人」。

所以，**當知道大家與自己有同樣的疑問時，當下便能放心**。只要說這句話就能讓瞎操心的人閉嘴。

藉由「指示＋指示」隨心所欲操控對方

【評價】
【效　果】★★★★
【禁忌度】★★★★★

即使拜託別人，通常對方也不會答應。可是，有個說法能讓任何人不自覺地聽從。方法就是指示加上指示。

譬如要求製作報告書的時候，對方也許會當場拒絕，但如果說：「坐到電腦前，去寫報告書。」對方便很有可能依此行動。人一次接收2個指示就會混亂，不知該拒絕何者，結果**就變成兩者都無法拒絕**。這時的**重點是注視對方的眼睛，以自信滿滿的態度下指示**。

附帶一提，這可以應用在各種場面。下屬犯下錯誤而驚慌失措，就算叫他報告也顛三倒四。這時可以叫他：「喝杯咖啡再報告吧。」喝了咖啡便能冷靜下來，報告就會有條理。

當然並非任何場面對誰都管用。2個指示其中之一不被同意時，恐怕會被拒絕。此時應換個說法或選擇容易接受的指示，必須下點工夫。

Devil's psychology techniques

設定容許範圍 別人就會口風不緊

【評價】
【效　果】★★★★
【禁忌度】★★

向口風緊的人套話難如登天。就算逼迫他說出一切，對方反而更是閉口不談。

對這種人說：**「講可以說的範圍就好，告訴我吧。」**會很有效果。因為**限定分量與時間，一般人就會容易接受要求**。

順帶一提，這個問題的重點是詢問**哪邊是容許範圍**？

前提條件並未包含No的選項，經此一問，對方會不由得思考：「哪些事情可以說？」

同樣地，「一點點就好了」、「只要30分鐘」、「只有形式也好」，如此降低難度，對方接受要求的機率也會提高。

想讓對方接受不利條件，得逐漸提高要求的層級

【評價】
【效　果】★★★
【禁忌度】★★★★

在想讓對方說出「Yes」的場面中，說服方式須費點工夫。有個方法是，首先提出容易接受的小小要求取得瞭解，然後**逐漸提高難度**。

譬如讓對方答應購買某項商品後，再逐一追加手續費、運費或是選項。或許做法有點奸詐，這可是稱為**「低飛球技巧」**的一種說服術。人類的心理是**一旦瞭解後，面對不利於自己的條件也難以拒絕**。

任何人都有喜歡一貫性行動的傾向。推翻一度答應的事違反一貫性，而且感覺也不好。因此就會接受不利條件。

這種傾向**愈認真的人愈強烈**，不妨先推測對方的個性再試試這個方法。

附帶一提，在揭示不利條件時，可以採取「我忽然想到」或「差點忘了」的態度。要是企圖昭然若揭，只會招來反感。

重複說出「Yes」便難以開口說「No」

【評價】
【效　果】★★★
【禁忌度】★★★

想拜託別人但也許會被拒絕時，應將對方捲入自己的步調，讓他無法在無意識中說「No」。

這時**只須連續提出對方必定會肯定回答的問題**。

譬如你說：「今天很忙呢。」就會得到「是啊」的回答。接著再說：「明天休假，真是太好了。」對方仍會回答：「是啊。」

如此，連續提出對方會肯定回答的問題，最後再切入正題：「對了，希望你3天內做好這份資料。」對方將不自覺地回答：「是。」

這是稱為**「Yes肯定法」**的說話技巧，常用於推銷話術。重複說Yes會使感覺麻痺，然後原本該拒絕的問題也會不小心順口說出Yes。

假如購物時店員用「Yes肯定法」推銷，知道這項心理法則你就能冷靜地說No。

Devil's psychology techniques

語尾加上「～吧」讓對方產生關係不錯的錯覺

【評價】
【效　果】★★★
【禁忌度】★★

提案時有個語詞能讓商談對自己有利。

就是「～吧」的語尾，只要加上這個，對方就會老實地接受你的提案。

譬如詢問：「對A公司的簡報內容這樣好嗎？」和「對A公司的簡報內容這樣可以吧？」

請思考一下有何不同。

聽到：「這樣好嗎？」聽者會開始思考你的提案是否有問題？有時無法獲得正面的回覆。

不過，要是確認：「這樣可以吧？」會陷入**宛如自己代言對方意見的錯覺**，

「應該可以吧。」能夠輕易地獲得同意。

語尾加上「吧」，能產生我們簡直意見相同的**親密氣氛**，因而容易獲得贊同。

只須加上「還是」就能誘導對方

【評價】
【效　果】★★★
【禁忌度】★★★

拿皮鞋去修理時，要是店員問：「只要修理嗎？還是順便擦一下皮鞋？」之前明明不打算擦皮鞋，此時是否會覺得反正都來了也順便擦一下好了？

這正是**「還是」這個接續詞驚人的效用**。即使起初沒這個打算，一聽到：「是A嗎？還是B？」不知為何就覺得必須選擇接在「還是」後面的B。所以不想加班的時候，不妨說：「這件工作要加班完成嗎？還是……」如此主管腦中會**擅自補上一句：**「還是可以下班了？」**於是便會回答：「你可以下班了。」**

利用「否定的雙重束縛」自由操控懦弱的人

【評價】
【效　果】★★★
【禁忌度】★★★★★

送生日禮物給交往中的女友，她卻不滿地抱怨：「你怎麼不先問我想要什麼？」於是到了耶誕節，為避免重蹈覆轍而事先詢問：「妳想要什麼禮物？」結果她又抱怨：「既然你喜歡我，應該不用問也知道吧！」

以旁人的觀點會想大叫：「趕快跟這種任性的女人分手啊！」可是這種**「兩邊都不對」**的情境卻很常見。

這在心理學上稱為**「否定的雙重束縛」**。

不用說明，女友的牢騷矛盾至極，**藉由上下關係與立場優劣能強迫對方同意**，正是否定的雙重束縛的特徵。立場較弱的一方面對狀況很混亂，容易以為唯命是從比較輕鬆。

若兩人之間不想起爭執就別反駁，但老是唯唯諾諾會很像被妻子爬到頭上的丈夫，這點得注意。

藉由「肯定的雙重束縛」不容對方拒絕

【評價】
【效　果】★★★
【禁忌度】★★★★

和朋友聊到旅行的話題，大家都興致高昂，接下來只要有人處理即可，可是當總籌很麻煩，沒有人想動手。

不過，有1個人個性很適合當總籌。這時該用哪種說法拜託，才能使他願意負責呢？

標準答案是「你做事很有計畫，也受到大家信賴。你能當總籌嗎？」

一般作法是先給予評價：「你做事很有計畫，也受到大家信賴。」等對方認同後再拜託：「所以你能當總籌嗎？」

可是對方也有可能回：「我做事並沒有計畫。」用這個理由拒絕。因此關於「做事很有計畫，也受到大家信賴。」**先讓他認知這是當然的事實**，對於「你能當總籌嗎？」只**須獲得回應即可**。

如此一來對方便難以拒絕。記住這個說服方式一定能派上用場。

在對方心中拋下心錨，隨心所欲操控他的思考

【評價】
【效　果】★★★
【禁忌度】★★★

各位聽過**「心錨」**這一詞嗎？這是指由於被一開始所給予的訊息所束縛，只能依此標準判斷的心理狀態。下錨的船隻，**只能在一定範圍內活動**。便由此產生這個比喻。

而心錨的技巧，在日常生活中處處可見。身邊最常見的，特賣品的價格標籤也是心錨的一種。

比方說寫了1萬日圓的定價數字用線劃掉變成5000日圓，多數人會覺得很划算。刻意標出原價正是趣旨所在，1萬日圓發揮了心錨的作用。首先，定價植入意識中，特賣品能給人更便宜的印象。然後驅使顧客衝動購物。

因此，若想操控對方的情感，只須在心中拋下心錨。

價格標籤是非常易懂的例子，在談話時也能偷偷拋下心錨。這時要**將肢體動作當成心錨使用**。

聊到高興處就擺動右手，談到傷心事或金錢話題時只動左手。

結果，「右手是好消息，左手是壞消息」，聆聽者被下了這個心錨。

準備齊全後，擺動右手談論正題，**對方在無意識中便懷有善意的感受**。

不只手部動作，站立時可以左右移動，坐下時可以搖頭或移動身體的重心。

拋下心錨的情感何者都好，像「喜歡、討厭」的**對立情感能留下更強烈的印象**。

談話時自然會有肢體動作，穿插這些動作對方也不會覺得奇怪。

掌控點頭方式
比對方更占上風

【評價】
【效　果】★★★
【禁忌度】★★★★

與生意往來的對象建立良好關係，重點還是在於順暢的意思溝通。

說者再怎麼口若懸河，若是聽者毫無反應，就連印象都會變差：「這個人到底想不想聽？」換句話說，我想表達的是，在對話中**「附和」非常重要**。

聽話時點頭的行為，表現出「我有在聽」、「有聽進去」的意思。當然我要說的內容是另一回事。

聽者點頭，能讓對方誤以為兩人的距離一舉拉近了。對自己的話點頭如搗蒜，自己也會解釋成得到接納。

假如中途突然停止動作，說者就會感到不安。為了再拉近距離，會說一些對方愛聽的話。

反之若能巧妙地利用這種心理，掌握點頭的重點，自己在兩人的關係中也容易占上風。

Devil's psychology techniques

若想堅持己見 就在多數表決前事先疏通

【評價】
【效　果】★★★★
【禁忌度】★★

明明尚未變成綠燈，前面的人一起步，自己也會跟著過馬路。或者是，明明不是想要的東西，卻在聚集人群的店家買了土產。你是否也曾經如此呢？

人容易受到他人行動的引誘。只要有人說「好」，就會突然覺得好，聽了別人的意見，會誤以為那就是自己原本的想法。

這在透過多數表決決定事情時也能當成**「祕技」**。

譬如尾牙要選中華料理的店，或火鍋專門店的時候。這時大家多半會說：「哪一間都好。」如果你覺得中華料理比較好，就應**在決定前事先疏通**：「冬天一定會吃火鍋，很多人在家都吃過了，所以中華料理比較好。」

如此一來，原本兩邊都好的人會覺得：「說得也是……」而受到影響，你的意見將順利地被採用。

若想拉攏對方 只須說「的確」即可

【評價】
【效　果】★★★
【禁忌度】★★

世界上絕對有意見的分歧與對立。理應互相讓步試圖解決，但若是可以，內心還是希望堅持己見。

此時最好使用「的確」這一詞。

對於異議與反論先點頭稱是：「的確。」**看似接受對方的意見**。對方聽了以後誤以為你贊同他的意見，其實**結果正好相反**。

好比對方詢問：「這個交期很趕呢。」你先認同：「的確很趕。」於是對方就會語氣和緩。

然後你再提出替代方案：「可是在這天之前完成，之後的發展會更順利。」結果就**能巧妙切換論點，保有自己的步調**。

正面反駁不算有能力。利用「的確」先表現出接受的樣子，就能巧妙拉攏對方。

要求「說出你的真心話」便會得到預期中的答案

【評價】
【效　果】★★★
【禁忌度】★★

若想從對方引出自己想要的答案與行動，不妨在問題中埋下牽動對方內心的詞句。

比如說你詢問：「關於○○你怎麼想？」大多只會得到四平八穩的答案，但如果告知：**「說出你的真心話。」**反應就會不同。

這個問題的關鍵字就是「真心話」。經這麼一說，縱使並未深入思考，也會**誤以為自己的確有真心話而認真思考**。

無論「個人」是如何思考，假如順從「良心」行動，激起良心對方就無法反駁。

面對不服從的人
要表現出「你是特別的人」

【評價】
【效　果】★★★
【禁忌度】★★★★

原本以為只不過是工作夥伴或游伴的異性，突然說出家庭環境或生長過程等私人的煩惱，這時你會怎麼辦？

而且之後他還補上一句：「唉呀，為什麼我會說這些？抱歉，這些事**我從未向人提起過……**」也許對他而言你是個特別的人物，想到此處是否覺得心跳加速？

比起煩惱的內容，「我從未向人提起過」才是重點。

聽到**「你是特別的人」等同於交心**，聽取煩惱的人瞬間被對方吸引。

假如用盡各種手段，連禮物攻勢也無法攻陷的對象，這種心理作戰也許能意外奏效。

Devil's psychology techniques

軟性威嚇能煽動不安

【評價】
【效　果】★★★
【禁忌度】★★★

想讓消費者掏出錢包提高購買意願，煽動對未來的不安是最佳手段。

的確觀看電視廣告總是播些：「在生病之前」、「如果你在意掉髮」、「為地震做準備」，令人覺得從現在不準備的話可能會很慘的情況。

若換個說法，這也是一種「恐嚇」，只是表達方式很柔軟。因為**強烈威嚇會使人不想理睬**。

透過電視畫面強迫地說：「等到生病就太遲了！」、「頭髮稀疏不會受女性歡迎。」觀眾也不會老實地聽從。

這在斥責下屬或孩子時也一樣，**恐嚇只會引起反抗**，假如暗示：「這樣下去不妙喔。」對方便**容易想像不安化為現實的恐懼**。

若想說服對方
就穿直條紋的衣服

【評價】
【效　果】★★★
【禁忌度】★★

和重要人物見面或求婚時，在關鍵時刻會穿決勝服裝。可是多數人只是鼓起幹勁求個好兆頭，把能獲得精神穩定的衣服稱為決勝服裝而已。

不過，有一種決勝服裝能產生實質的效果。

就是**直條紋的衣服**。

穿上直條紋的衣服，容易引導對方說出「Yes」。受到筆直的直線引誘，會讓人想要點頭。

或許你覺得被唬弄，不過這可是稱作**「垂直原理」**的知名心理作用。

垂直線具有**表現強力的作用**，**對方會在無意識中被力量壓倒**。而且線條愈是增加，力量愈會提升。

當然並非只靠服裝一切就會順利，穿上條紋襯衫或西裝，能說服對方的可能性肯定較高。

無論如何想爭取案子時 就率領俊男美女同行

【評價】
【效　果】★★★★
【禁忌度】★★

大家都認為「人不是光看外表」，但是五官端正的俊男美女總是吸引世人的目光，也成為話題。果然**外貌是強大的武器**說得一點也沒錯。

既然如此，職場上也應善用這項武器。話雖如此，**不見得自己必須是俊男美女**。

一定得爭取到工作的關鍵簡報，只須帶著公司裡最亮眼的俊男美女同行即可。並且如此介紹：「這位是一起負責專案的○○。」

如此一來對方也覺得賞心悅目，很有可能回覆：「那麼這次就採用貴公司的方案。」

以一句「我們」使對方無法違逆

【評價】
【效　果】★★★
【禁忌度】★★★

被朋友拜託：「你能幫我一個忙嗎？」如果你無法抽空就會拒絕：「不好意思，今天不行。」

可是，「你能幫我一個忙嗎？」後面要是接一句：**「咱們是朋友吧？」**結果會如何呢？當下變得難以拒絕吧？

這是因為「咱們」或「我們」這些詞，**具有拉攏他人變成「當事者」的力量**。經這麼一說，總覺得無法違抗。

所以，假如公司裡有不合作的職員，不妨使用「○○們」的詞語。所有人分頭趕工時，如果他匆忙地準備回家，就對他說：「再堅持一下，藉由我們的力量在今天完成吧。」

於是大家也點頭稱是，再怎麼特立獨行的人也**無法違逆團結一致的氣氛**。

無理的請求藉由「所以～」能使對方說出「Yes」

【評價】
【效　果】★★★
【禁忌度】★★★★★

明明在趕時間，眼前的隊伍卻沒什麼動靜令人煩躁。當然，此時強行插隊絕對會惹人討厭。因此，要教大家聰明插隊的方法。

就是**清楚表明理由**。

「我趕著要影印，可以先讓我印2頁嗎？」

「不好意思，可以讓我排前面嗎？火車在10分鐘後就要發車了。」

如此傳達意思，聽者便容易接受。

一般人不想回應理由不清不楚的要求，「我想要～」、「因為～」若揭示理由，**對方瞭解你行動的正當性便會認同**。此時無須特別的理由，只須使用「因為～」、「所以～」等語句，聽起來就煞有其事。

在談判的場合也只要加上一句：「務必請您協助。因為我們很想和你們一起共事。」成功的機率就會一舉提高喔。

使對方與自己的心思無所遁形

禁斷的心理測驗 No.7

Q. 你在歐式自助餐會上怎樣拿高腳杯？

A．高腳杯拿到嘴巴附近

B．拿高腳杯的正中間

C．拿高腳杯的下方並翹起小指

D．雙手捧著高腳杯

★診斷★

從本測驗可得知…

你隱藏的性格

……選擇 A 的人……

個性不拘小節、粗枝大葉。爽朗地邀約就能輕易籠絡的人。

……選擇 B 的人……

性格柔和，能配合任何人。最容易說出「*Yes*」的人。

……選擇 C 的人……

個性內向、神經質，藝術的感性與創意豐富。若不符合自己的美感，就不會認同的人。

……選擇 D 的人……

怕寂寞、不善於與人來往。總是感覺孤獨，容易被壞朋友影響的人。

使對方與自己的心思無所遁形

禁斷的心理測驗 No.8

Q. 你正在找東西。你在找什麼呢？

A · 鑰匙

B · 印章

C · 藥

D · 寵物

★診斷★

從本測驗可得知…

你在意的事情

……選擇 A 的人……

在意單戀或劈腿等異性問題。

……選擇 B 的人……

對金錢的借貸等金錢問題懷有不安。

……選擇 C 的人……

在意祕密是否洩漏。

……選擇 D 的人……

在朋友或公司裡的人際關係碰上麻煩。

禁斷的心理測驗 No.9

Q. 若有 4 間廁所你會使用哪一間？

A・離入口最遠的那間
B・離入口最近的那間
C・從裡面算來第 2 間
D・從入口算來第 2 間

★診斷★

從本測驗可得知…

你在精神面的強度

……選擇 A 的人……

經常煩惱小事。

……選擇 B 的人……

個性爽快、不拘小節。

……選擇 C 的人……

對自己缺乏自信、個性謹慎，受不了他人的批評。

……選擇 D 的人……

個性輕浮、忽冷忽熱，精神面不強也不弱。

第4章 從「雙字片語」明白隱藏的真心話

口口聲聲說「我們」的人想攏絡他人

【評價】
【困擾度】★★★
【警戒度】★★★★

以「我們……」開頭，首先會想到的是運動員的宣誓吧？

「我們謹以真正的體育道德精神，宣誓光明磊落地比賽！」

宣誓者是大批運動員之中的一員，其他選手聽到高聲宣誓會以為：「我也宣誓了」。這是由於「我們」這一詞具有**提高歸屬感的效果**。

所以，假如公司內部簡報時有人頻繁使用這一詞，他**很有可能想堅持自己的提案**。

「我們對這個企劃應團結一致，打開目前的局面。」、「這1年，是我們決勝的一年。」

這麼一說，多數職員會將公司的問題視為自己的問題。覺得必須一起奮戰。

老是聽到「我們」這一詞時，要對說者心存疑問，看他的用意是否在拉攏他人。

Devil's psychology techniques

從「我」變成「俺」是想縮短距離的信號

【評價】
【困擾度】★
【警戒度】★★★

男性對自己使用的第一人稱，表現出潛藏的心理。

譬如商場上常用的用法是「我」。自稱「我（watashi）」的男性，多是與他人保持一定距離來往、社會性較高的人。

不過，**往來時日一久，這種叫法也會發生變化**。

比方說工作結束去居酒屋喝一杯，等沒有隔閡時，就會順口說出：「俺（ore）……」

這也是**想和對方拉近距離的信號**。此時別錯過時機，如果你也搭話：「俺也是。」對方對你肯定會有好印象。

Devil's psychology techniques

強調「絕對」的人對自己缺乏自信

【評價】
【困擾度】★★★
【警戒度】★★★★

若有人反覆聲稱：「絕對沒問題！」、「絕對行！」**最好質疑他身為大人的成熟度**。

話說，能確實完成一件事的人，不用如此宣稱也深受別人信賴。特意強調：「絕對！絕對！」是因為**自己也清楚旁人並不這麼想**。而且自己也缺乏自信，所以才得發出聲音強調。

面對這種人，若被氣勢壓過而把事情交給他會很危險。一有機會就應確認情況，不過他很有幹勁也是事實，若能善加掌控就能派上用場。

雖然外表是大人，卻有不成熟又孩子氣的一面，相處時別忘記這一點，或許會意外地順利喔。

Devil's psychology techniques

老是說「應該～」的人最愛正確言論

【評價】
【困擾度】★★★
【警戒度】★★★

正確言論至上主義者的口頭禪就是「應該～」這一詞。

具體而言「不應該對社長說的」、「那時應該拒絕啊」或「你應該先聯絡啊」等說法，「應該」這一詞有一種**讓自己的價值觀帶有正義的魔法**。

可是，無論這些說法是正確的或沒有切中要害，對聽者而言只不過是「指責」。要是太過分，最好先發制人提早對應。

方法非常簡單，**做好該做的事別讓他有機會說「應該」**。

比如說「社會人士應該服裝整齊」，就跟著照做。做到令人無法反駁的地步，讓對方閉嘴即可。

反覆如此自然會令人刮目相看，他將會時時注意你。如此，接下來就由你發表意見了。

「該做的事都做了，還有不滿嗎？」以這樣的態度，光明正大地提出要求：「下一件工作請交給我。」或「這個週末我要休假。」

「一般而言……」後面隱藏了那個人的真心話

【評價】
【困擾度】★★
【警戒度】★★★★

拚了命地做簡報，最關鍵的負責人卻面無表情，猜不到他的心思。

如果得面對這樣的人，不要直接問：「您覺得如何？」反正問了對方只會冷冷地迴避：「因為我無法判斷，我們回去後再回覆您。」他絕不可能說出自己的真心話。

不過，這種人倒是**很愛講無關自己真心話的事情**，「一般而言看法如此」或「主管或許會如此判斷」，他**擅於置身事外地批評**。也許他想表達自己頗有見識。

並且有趣的是，他的批評**至少包含了個人意見**。

所以，如果他不吐露真心話，不妨改口問：「一般而言會是如何？」、「若是○○部長會如何判斷？」如此一來，他應該會吐露真心話。

Devil's psychology techniques

連呼「真可愛」的人希望別人有同感

【評價】
【困擾度】★★★
【警戒度】★★

姑且不論女高中生，成人還連呼「好棒喔～」、「好可愛！」的人會給人幼稚輕薄的印象，實際上卻不盡然。

誇張地表現感動：「好棒喔～」或「好可愛！」正**表達出「希望你和我有同感」**。

真正感動時，如同字面絕對難以言喻，無法輕易地表達。刻意表達「感動」是為了尋求同感。

知道這種心理，就能簡單地附和「是啊」、「好棒喔」。尋求同感的人也很怕寂寞，由於**「獲得同感」的滿足感**，他將對你懷有好感。

用「咦～」、「嗯」開頭的人想掌握主導權

【評價】
【困擾度】★★
【警戒度】★★★★

說話方式的習慣十分有趣，能**流露出內心的想法**。

其實有不少人都從「呃～」、「嗯，這個～」、「唔～嗯」、「是啊」這些詞開始起頭。

當然，有時只是在煩惱該如何用字遣詞，若是平時強硬的人進入這個模式，最好注意一下。

因為與其說只是單純的口頭禪，這也是**想掌握主導權的心理表徵**。先隨聲附和讓談話有個空檔，閃躲對方的攻擊，爭取思考下一步的時間。擅於演說的政治人物大多是這種類型，想必各位能夠理解吧。

換言之，對方**可不是等閒之輩**，應小心防範。請牢牢記住，若是疏忽大意會不知不覺被捲入對方的步調，可能被算計而吃虧喔。

話中出現「這個」、「那個」是感到棘手的表現

【評價】
【困擾度】★★
【警戒度】★★★

有些人談話時經常使用「這件事」、「上次的事」、「那個人」等代名詞，這**表現出對棘手事物的抗拒感**。

因為不想說出具體的名字，逃避地使用「這個」、「那個」等詞語。

譬如聊到某人的時候，不說「○○先生」的名字，要是說：「那個人」或「他」，可以想成**他對那個人有抗拒感**。

假如對方提起：「關於那件事……」就可以嗅出**情況不妙**。

這種說話方式很常見，不過可以看出對方的抗拒感，最好注意一下。有時會陷入負面的發展，巧妙地轉換話題自我防衛才是上策。

說「是啊」表達同感的人 希望別人認同自己

【評價】
［困擾度］★★
［警戒度］★★★

任何人或多或少都有口頭禪，在對話中頻繁說「是啊」的人是何種類型呢？

「這次調來的N小姐真是個大美人呢。」
「是啊！我也這麼覺得。」
「可是，漂亮的人大多枯燥乏味。」
「是啊！這種人很多呢。」
「嗯，就我而言，工作能做好就行了。」
「是啊！重點是工作呢。」

在旁人眼中看似毫無主體性的人，其實不見得是這樣。口頭禪是「是啊」的人，算是**自我評價較低的人**。

因為希望**別人認同自己**，聽話時總是附和「是啊」令人幾近厭煩。自己同意，再用這句話尋求對方的認同，是**想要加強與對方的關係**。

這近似於怕寂寞的孩子為了吸引父母的注意，而做出討父母歡心的行動，想獲得稱讚的心理。

開頭的例子與孩子的情況不同的是，他不只想要對方理會，也藏有如果理會他，他就會盡力回報的心情。

如此思考，口頭禪是「是啊」的人算是有著**小弟性情**。

面對這種人或許會覺得厭煩，但至少**對方肯定對你懷有好感**。

與其無禮對待，不如當成一名夥伴相處，或許會有好處。

詢問「為何？」、「為什麼？」的人
若不問出來龍去脈就不會罷休

【評價】
【困擾度】★★★
【警戒度】★★

愛問：「為何？」、「為什麼？」是幼兒期的特徵，這是發展知性好奇心的絕佳機會，養育兒女非常歡迎這種行為。

可是長大成人也愛問「為何？」、「為什麼？」的人，老實說有點麻煩。沒耐性的人可能會想怒斥：「煩死了！」

當然，就對方而言並無意惹人厭。這種人只是**不問清事情的開端與契機就無法開始思考**。

這時最省事的對應法不是口頭說明，而是**盡量用文字說明**。

譬如共同進行的企劃若變更方針，變更的來龍去脈就**以時間序列寫成電子郵件**。

此時將重點擺在「為何變更？」的部分，對方將更容易理解。

大聲斥責「浪費時間」的主管理解力有問題？

【評價】
【困擾度】★★★
【警戒度】★★★

雖說：「好的老師帶你上天堂。」但無論老師或主管，自己都無從選擇。若只是性情不合倒還好，不認同自己的努力，甚至言語只會削減幹勁的老師最差勁了。

比如有個主管老是不在意地對人說：「那什麼啊？只是浪費時間而已吧？」聽到這種說法，任何下屬都會內心受傷，覺得自己的努力真是愚蠢。

可是，實際上並不是「浪費」，情況幾乎是**步驟與程序和對方想像的不同**。換言之，無法認清這一點多半是**主管的理解力有問題**。

不過，此時若反駁：「我很努力了。」或「我是按照您的指示。」則會有反效果。你只會被痛罵：「我說那是在浪費時間啊！」

這種情況最好回擊：「我做的事真的是浪費時間嗎？」、「既然如此，請您具體指出哪邊是浪費時間。」如果他只是大放厥詞，結果必定會語塞。

說出「總之」的人只想要結論

【評價】
【困擾度】★★
【警戒度】★★★

在公司裡呈報進行中的工作，依序報告時總會有人插話：「總之是這一回事吧？」打斷別人的話擅自下結語，會被當成「性急的人」或「愛出風頭的人」捨棄，但若深入瞭解，就能得知他想要總結的理由。這種人不是個性上，而是思考方面有特色。

使用「總之」或「結果」等「結語」的人，**傾向於重點思考資訊與想法**。並不重視中間的過程與背景，**只將結果逐條列出記在腦海中**。

所以，即使他聽了事情的來龍去脈與之前的過程，也無法體會和理解真正的意思。結果就只想要結論：「因為○○所以××。」

換句話說，對這種人特別想讓談話內容簡單易懂也沒用。請記住一件事，只傳達應掌握的重點，對方反而會比較高興。

Devil's psychology techniques

向人請示是希望別人肯定的信號

【評價】
【困擾度】★★
【警戒度】★★★

「我覺得不錯，你覺得如何？」、「我喜歡這個，你覺得呢？」如果對方這樣開口，不能當成單純的問題。

這**只是形式上希望你肯定提問內容的疑問句**。

徒具形式的問題獲得贊同可**彌補缺乏的自信**。此時要是回答：「不是吧？」對方將受挫而意志消沉。

這種人消沉到最後，想恢復可不容易。如果無意爭論時，不妨說：「我覺得不錯。不過如果試試這樣……」**拐彎抹角地建議比較妥當**。

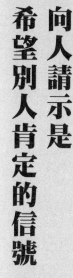

說「沒什麼」的人在壓抑自己的欲望

【評價】
【困擾度】★★
【警戒度】★★★★★

在記者會上，女星一臉不滿地說：「沒什麼……」，並因而引發話題，被追問時回答「沒什麼」，**多半骨子裡欲求不滿**。

「沒什麼」並不是「沒什麼好說」的意思。**其實是有話想說**，反映出的是**「反正沒人想聽我的意見」的心情**。

一個大人鬧脾氣，或許可以置之不理，不過之後持續不滿可就難以招架。

當對方說出這句話時，不妨委婉地詢問：「不，我想聽聽你的意見。」他若覺得有人願意聽取意見，或許會說出真心話。

大人的社會是想說的話無法直言無諱，但是盡量別留下不滿也是一種生存之道。

Devil's psychology techniques

頻頻叫對方的名字是因為想要拉攏人

【評價】
【困擾度】★★
【警戒度】★★★★

多人在場的場面中，「○○先生，這個就拜託你了。」如此指名道姓是很自然的事。可是，儘管是兩人會面，如果仍沒必要地直呼名字：「這也拜託你了，○○先生。」或「關於這件事我想聽聽你的意見，○○先生。」對方肯定想拉攏你。

因為**人被叫名字，會提高對方的好感度**。

的確，比起呼喚「喂」或「那個」，叫名字較有親近感，也會**覺得自己的存在受到理解**。

換言之，連呼名字的人，很有可能瞭解這種心理，想拉攏你到自己這一方。

不過，這個效果只限於某種程度，太頻繁地直呼名字也會讓人覺得討厭。呼喚名字太過頭的人，或許並不十分理解他人的心理。

說「這是為了你」的人想要回報

【評價】
【困擾度】★★
【警戒度】★★

有人老是嘴上說：「這是為了你。」或「我是為你好。」或許當事人是出於好心，可是聽者只會覺得厭惡。

這也難怪，因為強迫的態度與言詞不僅無法說服對方，反而大多適得其反。

這種將自己的意思強加於人的人**極有自信，總認為自己是對的**。

因此，**對於自己的建議要求精神上的回報**，假如不聽勸告事情不順時，他就會得意洋洋地說：「所以我就說了嘛。」

面對這種人應回答：「謝謝。」、「是啊。」接下來當耳邊風就行了。總之老實地聽話對方就會滿足。

順帶一提，**最好別跟這種人深交**。別接受對方個人的勸誘，保持一定的距離吧。

Devil's psychology techniques

總是想表達什麼的人 真正的心思剛好相反

【評價】
【困擾度】★★
【警戒度】★★★★

個性陰沉的人在人前表現得很開朗是**當事人的願望所致**，對話也有相同的情形。「我們夫妻圓滿，也受到孩子敬愛……」明明沒問這些事，卻極力表達家庭幸福美滿的人，實際上很有可能受到疏遠，感覺寂寞。

因為如果真的家庭美滿，沒必要口口聲聲說有多幸福。

另外，嘴上老是說「工作忙到沒時間睡覺！」的人，實際上沒有很忙，只是想展現努力工作的樣子給人看。

從**和言語相反的觀點**觀察對方，就能窺見出乎意料的真心話。

談話中斷的人很有可能在說謊

【評價】
【困擾度】★★★
【警戒度】★★★★

如果談話時對方屢屢中斷，很有可能他正在說謊。

因為說一個謊，就必須說其他謊言來圓謊。不僅如此，又用新的謊言來避免穿幫……而開始**修飾謊言**的作業。

譬如朋友約你出門，你謊稱頭痛而拒絕了。過了幾天，朋友問：「你有去醫院嗎？」你又說了謊：「有。」結果他追問：「那你有做ＭＲＩ（核磁共振）的檢查吧？」你又謊稱做了。

可是，實際上你連ＭＲＩ是什麼檢查都不知道。從這時起你不知該如何替自己的謊言善後。**絞盡腦汁也想不到該如何圓謊**，結果談話斷斷續續導致中斷。

附帶一提，如果途中突然轉變話題，那就是謊言完全掰不下去的證據。

Devil's psychology techniques

常用擬態語的人談話內容欠缺具體性

【評價】
【困擾度】★★
【警戒度】★★★

「砰」、「咻」、「滿滿滿」、「霹靂啪啦」等擬態語，大家都會在對話中使用。

但是，我們不妨說常用這些詞的人談話內容**欠缺具體性**。

譬如當你確認：「工作的截止日期是何時？」此時對方回答：「霹靂啪啦把工作完成。」

你**想要具體的答案**——期限，**卻只得到抽象的回答**。

想從這種人得到具體的答案時需要一點訣竅。

假如對方說：「霹靂啪啦把工作完成。」，「霹靂啪啦嗎……？」**你也同樣使用擬態語回應**。

於是他會改成具體地回答：「嗯，麻煩在傍晚前完成。」

雖非以眼還眼，不過「以擬態語回應擬態語」是很有效的對應方式。

Devil's psychology techniques

憑感覺說話的人都是靠聯想

【評價】
【困擾度】★★
【警戒度】★★★

在任何事都理性思考的人眼中，憑感覺說話的人可以說是很難相處的對象。

憑感覺行動的人在對話中經常使用擬聲語和擬態語。

例如：

「蒐集資料手腳要**恰恰**。」

「時間結束前得**衝**了。」

「她今天很**閃**呢。」

另外，對小事連呼「好棒」，陳述情況時用「感覺不錯」等曖昧的表現也是同樣的人。

這種人的共通點是，談話會隨著心情逐漸脫軌。而且，脫軌倒是還好，說話反反覆覆才麻煩。

原因就是**思考的「聯想遊戲化」**。

一般而言，如果眼前有牛排只會覺得「看起來很好吃」，這種人會以「看起來很好吃」為

起點想到其他食物，又想起吃其他食物時的插曲。

並且，毫不遲疑地脫口而出。所以，即使當事人覺得一切是連貫的，聽者卻心想：**「你在說什麼？」**

和常用擬聲語及擬態語的人對話時，得**自己掌握主導權維持談話的主軸**。

不用客氣，直接點出「你扯太遠了」、「我不懂你的意思」也無妨。這正是不被擺布的訣竅。

Devil's psychology techniques

受到質問便支吾其詞 就是想隱瞞什麼的證據

【評價】
【困擾度】★★★
【警戒度】★★★★

有些人受到質問時並不直接回答，而是岔開話題。他並非無法理解問題，而是**有無法回答的理由**。

例如你問：「資料製作還順利嗎？」

「嗯，另一件快完成了，算是還好。對了，這是前幾天您詢問的報告書……」如此不清楚回答「順利與否」卻轉換話題時，十之八九並不順利。

先支吾其詞，之後再設法挽回。即便當事人自認巧妙地岔開了話題，這樣含糊其辭卻容易被看穿。

然而，立刻追問並不見得會有好結果。**總之先放過一馬，若能挽回就不用追究**。

重點是**看穿「有所隱瞞」時，就得當心注意**。

說謊的人容易嘴快

【評價】
【困擾度】★★
【警戒度】★★★★

問候方式和敬語的使用，注意用字遣詞是社會人士的常識。在商業禮儀的講習會，進公司時也一定要學習的「基本中的基本」。

然而無論多麼注意用字遣詞，在對話的節奏中仍會顯現出性格與真心話。

例如說話速度快、喋喋不休也是自我主張的強烈表現，相反地說話不疾不徐則是冷靜的證據。

而且幹練的商務人士，擁有配合對方的節奏控制速度的高等技巧。

這時請記住一點，「說謊的人容易嘴快」。

這是由於**深怕談話時謊言被揭穿，想盡快結束對話從罪惡感中解放的願望**。

有些初次見面的人是本來就習慣說話速度快，但如果是你認識的人突然加快說話速度，最好懷疑他是否隱瞞了什麼。

Devil's psychology techniques

大談情史　其實是不安的反面

【評價】
【困擾度】★★
【警戒度】★★★

「我今天要約會」、「我女友做菜超好吃的」，有些人一見面只顧著聊自己的另一半。

想必他們感情深厚，非常恩愛，不過**其實他可能對彼此的關係懷抱不安**。

兩人真的彼此相愛嗎？這種關係能持續下去嗎？**心中總是有一抹不安**，因此**特意向別人宣稱感情很好**。

當然聽這種人聊另一半，想打岔也很麻煩，最好別這麼做。

「她對這段感情真的是認真的嗎？」你本來是打算開玩笑，但卻更加掀起對方不安的心情，很可能惹他生氣。

「感情這麼好，真令人欣羨。」應當講些不得罪的話使他心滿意足，也不會招惹多餘的麻煩。

Devil's psychology techniques

常用敬語的人心中總是不滿

【評價】
【困擾度】★★
【警戒度】★★★★

連敬語都說不好是不及格的社會人士，但如果相處了幾年，用字遣詞卻異常客氣，這種人可得注意。過度的敬語和客氣的態度，背後隱藏了**激烈的負面情緒**。

使用敬語和對方之間會產生一定距離，也能防止顯露出原本的情感。尤其懷有不滿與厭惡等負面情感時，人會傾向於過度使用敬語，免得被察覺。

換言之，明明認識很久，卻總是保持客氣的態度與用字遣詞，這不是敬意的表現，極有**可能懷抱厭惡的情感**。相處時最好看清態度客氣的背後所隱藏的真意。

說錯話隱藏著他的願望

【評價】
【困擾度】★★
【警戒度】★★★★

不小心說錯話很常見，如果知道說者無心，便不會有人在意。可是，通常**無意識中說錯話，正隱藏了說者的願望**。

例如開會時司儀正想說「會議開始」卻說成「會議結束」。

這正是**不自覺地脫口說出**想趕快結束的**願望**。

另外，和主管等長輩說話時，本來應該用較禮貌的說法「是啊～」，卻誤用了對等的語氣，說成「嗯啊～」，正是心中並不尊敬對方的證據。

還有，從外出地點打電話回公司說：「我要回公司了。」卻講成：「我要回家了。」也是因為內心不想回公司，想要直接回家之故。

別忽略小小的口誤，此時正好可以探知對方的真正想法。

Devil's psychology techniques

【評價】
［困擾度］★★★★
［警戒度］★★

光說不練的膽小鬼愛用專門術語

喜歡用專門術語、措詞難懂，有這種傾向的人自認聰明，通常是**自我意識過剩的人**。

事實上真正聰明的人，用不著表現出自己知性的一面，這只是**出於自卑情結的行動**。

缺乏自信者好辯，愈是使用艱澀的詞彙愈能看清，只是一個外強中乾的無聊人士。

並且，這種人也是大頭症的膽小鬼，雖然言語頗多吐槽之處，但由於自尊心強烈，**若不小心傷了他的自尊心，可能會變成麻煩人物**。

沒必要惹他生氣時，就隨便附和：「你真厲害～」讓他覺得飄飄然便能平安無事。

使對方與自己的心思無所遁形

禁斷的心理測驗 No.10

Q. 如果你能變成一隻鳥，你希望是什麼鳥？

A．漂亮的孔雀

B．翱翔藍天的海鷗

C．放養的雞

D．籠中的小鳥

★診斷★

從本測驗可得知…

你的願望

……選擇 A 的人……

想讓自己的外表洗鍊。對於打理髮型、裝扮，鍛鍊體型很感興趣。

……選擇 B 的人……

不想過著被他人束縛的拘束生活，想要更自由的生活。

……選擇 C 的人……

不想要一直無所事事，想就業或結婚，腳踏實地過生活。

……選擇 D 的人……

對於一成不變、無聊的每一天感到厭煩。希望生活能有令人開心的變化。

使對方與自己的心思無所遁形

禁斷的心理測驗 No.11

Q. 你想穿什麼顏色的衣服？

A · 紅色
B · 藍色
C · 綠色
D · 黃色
E · 橙色
F · 紫色
G · 白色
H · 黑色

★診斷★

從本測驗可得知⋯

你「想成為的自己」

⋯⋯選擇 A 的人⋯⋯

態度積極，任何夢想都能實現的行動派。

⋯⋯選擇 B 的人⋯⋯

個性嫻靜，冷靜沉穩的知識分子。

⋯⋯選擇 C 的人⋯⋯

踏實忍耐力強，對自己有自信的人。

⋯⋯選擇 D 的人⋯⋯

開朗勤奮的野心家。

⋯⋯選擇 E 的人⋯⋯

自由奔放地生活的人。

⋯⋯選擇 F 的人⋯⋯

感受性強的浪漫主義者。

⋯⋯選擇 G 的人⋯⋯

純真高尚的人。

⋯⋯選擇 H 的人⋯⋯

不被社會常識束縛，隨心所欲過生活的人。

使對方與自己的心思無所遁形

禁斷的心理測驗 No.12

Q. 你喜歡哪種飾品？

A・蝴蝶或動物等主題
B・心形
C・星形
D・別在胸前的大緞帶
E・木製垂飾
F・金色寬手鐲
G・鏈狀手鐲

★診斷★
從本測驗可得知…

妳的戀愛願望

……選擇 A 的人……
想和不特定的複數男性輕鬆地交往。

……選擇 B 的人……
希望由男性主導。

……選擇 C 的人……
想和瞭解自己個性的人交往。

……選擇 D 的人……
希望特定的人出現。

……選擇 E 的人……
不善於與男性相處，所以對象是女性也行……。

……選擇 F 的人……
想和有錢人談戀愛。

……選擇 G 的人……
希望情人像父親兄長般。

第5章

操控討厭對象的方法

憑道理和覺得別人無能的人劃清界線

【評價】
【效　果】★★★★
【禁忌度】★★★

有才能的人都覺得自己最可愛。可能的話不希望自尊心受創，也想逃離不利的事。

可是，愈愛自己的人愈有推諉責任的傾向，本性並不好。經常罵別人無能的人就是這種人。

對下屬破口大罵：「你這沒用的傢伙！」這種主管本身**肯定就是沒用的人**。

這種人明明對自己缺乏自信，卻**無法承認自身的缺點**。所以自己做不到的事就推諉責任，歸咎於他人。

儘管在旁人眼中非常可笑，**對當事人而言卻是全力的自我防衛**。縱使被這種人指責「真沒用」、「能力真差」，也無須在意。

不過，如果他推諉責任衍生問題時則另當別論。這種人**不擅講理**，你應該主張：「這不是我的責任。」徹底劃清界線才是保身之道。

Devil's psychology techniques

竊竊私語讓無視規則的無禮之徒「在無意中聽到」

【評價】
【效　果】★★★
【禁忌度】★★

不是收垃圾的日子卻倒垃圾，小狗大便後卻擱置不管，不遵守規則的問題人物比比皆是。

可是當面指責會影響人際關係，若關係緊張對方可能會懷恨在心。

想讓這種問題人物棄惡從善，「讓他在無意中聽到」的技巧非常好用。**假裝渾然不知他違反規則試探一下**。

像是：「最近有人在收垃圾以外的日子丟廚餘，你知道嗎？」、「把狗大便留在別人家大門口的人，真不曉得到底在想什麼？」

順帶一提，**訣竅是竊竊私語別讓別人聽到**。

藉由「反問」迴避麻煩的客訴者

【評價】
【效　果】★★★
【禁忌度】★★

在餐廳裡只不過因為上錯菜就大聲咆哮：「叫店長出來！」稍微受到無禮的對待就怒吼：「你以為我是誰啊！」這些投訴的客人平時就是**內心不滿**。若遇到這種咄咄逼人的麻煩人物，就採取**「反同調行動（Dispacing）」**對應。

假如他威嚇：「你要怎麼解決！」此時鞠躬賠罪就是同調。但你不該如此，反而要冷靜地詢問：「那麼您希望我們怎麼做？**請具體地說明。**」

如此一來，也許對方會回嗆：「你連這種事都不知道嗎！」這時你依然淡淡地回答：「非常抱歉，我不知道。請您具體地說明。」

表現出如此冷靜的態度，對方也會判斷，此時若要求實質的賠償，可能會吃上恐嚇罪的官司。

重覆一再「反問」，再強硬的客訴者也只會撂下狠話離開。

模仿「纏人精」的口頭禪讓他安靜

【評價】
【效　果】★★★★
【禁忌度】★★

對於用心聽自己說話的人，任何人都會有好感。

可是，不管對方有無興趣，只顧著央求「聽我說」的人可不值得讚許。而且，對這種人略有輕蔑之意，他就會不高興，總之非常難搞。另一半是所謂**「纏人精」**的人，是否心裡有數呢？

這時，**模仿對方的表情和語氣，可以一舉擾亂對方的步調**。

假如他說：「昨天發生了一件驚人的事～」你就以同樣的表情回覆：「喔～昨天發生驚人的事啊！」他接著說：「你懂我的心情吧？」你就用相同的口氣回應：「懂你的心情是什麼意思？」

如此對方會很掃興，陷入沉默。並且，若他稍微懂得察言觀色，就**會發覺自己的談話失控了**。

不過，若有半步差池，露出愚弄的態度，可能會惹對方生氣。另外請注意，就算對方是「纏人精」，也不可對主管等長輩有如此舉動。

讓頑固大叔型的主管暢所欲言

【評價】
【效　果】★★★
【禁忌度】★★

自己一旦決定後，無論如何絕不讓步的頑固大叔型的主管，如果你想讓他接受自己的意見，就先從自然的對話切入。

假如你想將之前的作法改成更有效率的方法，直接提出自己的意見時，結果只會被冷淡地駁回：「不需要改變。」

可是，如果你假裝和他商量：「關於〇〇我有一些想法……」**在充分聽取主管的意見後再進入主題，對方也將無法置若罔聞**。

「的確，也能有這樣的想法。」他自然會敞開心胸。

一般而言，頑固大叔型大多是**注重形式的保守型**，對於上下關係也很嚴格。

所以尊重他的這一面，多少花點時間，不屈不撓，**相處時心懷敬意，就不是太麻煩的對象**。

以「不用做」來推動沒幹勁的人

【評價】
【效　果】★★★★
【禁忌度】★★★

對於沒什麼幹勁的下屬，很多人覺得激勵鞭策才是上策，這可就錯了。對於沒幹勁的人，採取放任的態度才是正確作法。

譬如醫師勸告「少喝點酒」反而會很想喝，人類存在一種心理，**愈是被禁止的事情就愈想出手**。

換言之，要**順勢利用**這種心理。

對沒有幹勁的人說：「這件工作你可以不用做。」或「既然很辛苦，你可以退出這個企劃。」**刻意把他撇開**。

他可能會手足無措奮發振作喔。

以「之前你說過了？」擺脫談話內容重複的人

【評價】
【效　果】★★★★
【禁忌度】★★

無論談話內容是好是壞，總是重複相同內容的人令人不敢領教。雖然很想明講：「那件事我聽過好幾次了。」但對方可能會生氣，所以也行不通。

而且當事人也沒有惡意，隨便對待打斷對方的話反而會惹惱他，真是難以處理。

如果不想引起對方的不快，就**一語道破**：「喔，這是**上次那件事**的後續吧？」或「和**上次**的切入點不同呢。」

如此，對方將認清「已經說過了」，便能冷靜下來，改變話題的切入點，或是早早結束。

另外，反覆說同一件事，**表示**心中無法忘懷，**純粹希望有人願意聽**，這點也請一併記住。若是時間心情有餘裕，不妨聽他把話說完。

對於愛潑冷水的人只傳達結果

【評價】
【效　果】★★★
【禁忌度】★★

想理解別人的話之時，不同的人有各種特徵。

先大致掌握理解整體的人；對談話細節等具體的來龍去脈打破砂鍋問到底的人；執著於事情開端的人；總之只想聽結論的人，真是五花八門。

其中最被旁人質疑人性的就是**只想聽結論的人**。

人的思考有種種個性，即使逐一說明過程，有些人也會完全沒聽進去。只想聽結論的人就是這種人，當他聆聽為何如此時，**腦中無法整理思緒**，所以急著想知道結論。

結果，他會不自覺地潑冷水：「所以你想說什麼？」、「所以結論是？」

聽者可能會想反駁：「用不著這麼說吧？」當事人卻自認口氣並沒有旁人想得那麼糟，就算頂撞他也只是破壞心情。

對這種人**只須淡淡地告知結論**，以求明哲保身。

Devil's psychology techniques

與脫線的人談話時以肢體語言吸引他的注意

【評價】
【效　果】★★★★★
【禁忌度】★

有些人話題豐富確實值得一聽，但如果話題太跳躍，就會沒完沒了。不僅如此，論點在不知不覺間轉換，便會變成全然不同的話題。

「剛才提到喝酒聚會，什麼時候去呢？要去銀座還是品川附近？對了，說到銀座，上次我去的時候遇到〇〇，他跟新交的女友在一起耶。你知道這件事嗎？」就像貓眼一樣快速轉變，不知不覺就離題了。

這種人只顧著聊個沒完，「所以喝酒聚會的事呢？」就算你委婉地**拉回正軌也毫無作用**。

此時不妨輕拍他的肩膀，以大大的肢體動作**先吸引他的注意力**。然後說：「**你離題囉**。先決定喝酒聚會的事吧。」**回到原本的話題**。

注意別被對方的步調拉走，掌握談話的主導權，才能獲得結論。

委婉拒絕邀約時「Yes-But法」很有效

【評價】
【效　果】★★★
【禁忌度】★★

沒興趣的對象邀你「去喝一杯」時，有個方法能夠和平委婉地拒絕。那就是「Yes-But法」。

至於該怎麼做呢？首先說：「喝一杯嗎？不錯耶！」**表現出贊同對方意見的態度**。

然後徐徐地說：「可是最近我的胃不舒服……這次就不去了。」找個藉口拒絕邀約。

一味地堅持「我不能去」，對方也會心情不悅。可是，Yes-But法在一開始肯定了邀約，之後**找個理由拒絕，對方也比較不會不愉快**。

又開始自吹自擂時
讚美幾句趕緊離去

【評價】
【效　果】★★★★
【禁忌度】★★★

明明做不到卻狂吹牛皮說大話，或許當事人爽快無比，聽者卻鬱悶難耐。可是如果對方是主管，又不能視而不見。

若想盡早逃離這種話題，就極力稱讚吧。

這種人希望別人注意自己，**大多抱著想獲得認同的欲望**。換句話說，就是**愛慕虛榮**。

「好厲害」、「真了不起」、「你是第一名」等等，怎樣稱讚都行，**別忘了假裝打從心底感動**，如此就能滿足對方的自尊心。

不過，稱讚過頭會有反效果。連續不斷地讚美，會讓他更加得意忘形，很有可能得聽他滔滔不絕說個沒完。

讚美幾句就趕緊離去。可得堅守這一點。

對於太過偏執的人 先表示同感再突破盲點

【評價】
【效　果】★★★
【禁忌度】★★

有些人太過偏執，一旦認定如此就將自己的意見強加在別人身上。若隨便反駁這種人可不得了。結果他只會氣得身體顫抖，喋喋不休地堅持自己的意見。

話雖如此，有時也得反駁這種人。這時該如何對應呢？就是突破「盲點」。

過於偏執的人，相信自己的意見絕對正確，固執己見的傾向非常強烈。結果，**無法從其他觀點看清事物**，若從意想不到的角度提出意見，出其不意就無法反駁。

反駁時避免問題擴大的重點是，**先表現出尊重對方意見的態度**。

「原來如此！的確你的意見很正確。」先表達同感，再委婉地**指出盲點**：「可是你忽略了這個問題。」對方應該不至於有情緒化的反應。

想拉攏討厭的人時
不妨利用「暗示的力量」

【評價】
【效　果】★★★
【禁忌度】★★★

與不合的對象為敵，並非明智之舉。再怎麼討厭的人，對自己而言仍是可以利用的人。

但是大多數的情況，你討厭的人也討厭你。因此，想拉攏這種人的時候，「暗示的力量」能派上用場。

想施加更具效果的暗示，最好利用對方**眼中的權威者**。

一般人有種傾向，會輕易地相信比自己優秀，社會地位較高的人所說的話。

比方說**對主管或長輩事先疏通，請他們美言幾句**。

結果受到「獲得眾人的高度評價」這個暗示，對方的態度不知不覺也會改變。

暗示的力量不可輕侮。正如「水也能變成藥」的「安慰劑效應」，**有時對人的身體也能造成影響**。或許操控人心並非難事。

如果討厭目光相對 就和對方並肩而坐

【評價】
【效　果】★★★
【禁忌度】★★

說話時看著對方的眼睛是大原則，但有人即使明白也做不到。其中有人害怕目光相對的行為與**「敵視」**或**「凝視」**扯上關係，而刻意避開視線。

但是，認為看著眼睛說話是理所當然的人，對他們而言，無論對方有意或無意，感覺並不愉快。

此時假如遇上會避開視線的人，不妨在長椅或吧台座位等能並肩而坐的地方談話。

並排而坐當然視線不會交會，既不會累積壓力，**對方也能放鬆交談**，可謂一舉兩得。

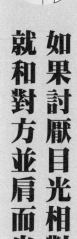

肉麻的恭維話
對虛張聲勢的人很有效

【評價】
【效　果】★★★
【禁忌度】★★★★★

實力不怎麼樣態度卻很囂張叫作虛張聲勢，傲慢到骨子裡的人，並未察覺別人的責難。因為無論別人如何批評，他都深信不疑，自己是個有價值的偉人。

面對這種人若顯露出不屑的態度，他不僅會更加步步進逼，還會誇大其詞到處放話：「他用這種態度對待我！」多一事不如少一事，本來理當**敬鬼神而遠之**，但無論如何也得和他相處時，只得採取「諂媚大作戰」。

從碰面的瞬間到道別為止，「今天的西裝也很帥氣呢！」、「哎呀，果然著眼點就是不一樣！」接連**用噁心的恭維話討好他**。

「你瞧不起我嗎？」儘管對方心中有些懷疑，依然要貫徹諂媚的態度直到最後，這正是重點所在。**虛張聲勢的人本能上喜歡被稱讚**，持續奉承想必他絕不會待你刻薄。

靜靜地聽滔滔不絕的人說話 他就會很開心

【評價】
【效 果】★★★★
【禁忌度】★★★

「口若懸河」聽起來很正面，但滔滔不絕地陳述自己意見的人很有壓迫感。可是，乍看之下雄辯的態度，背後卻**隱藏著膽小、缺乏自信的個性**。

以對方毫無插嘴餘地的氣勢說話，是因為「如果有人表示異議，沒有回擊的自信」。

並且非常在意「別人會怎麼看待自己的意見？」**害怕對方的反應**。因此，滔滔不絕一股腦地說出自己的意見。

所以，**在他說話時打斷，會造成相當大的壓力**。

反之，若想順利地談話，總之先把話聽完。你的聆聽使他得以維持自尊心而心滿意足。而且**被接受的安心感，使他對聽者懷有好感**。此時再說出自己的意見即可。

和愛挖苦人的人來往時要先做身家調查

【評價】
【效　果】★★
【禁忌度】★★

像《哆啦A夢》裡頭的骨川小夫，這種討厭的傢伙比比皆是。

斜眼竊笑別人的失敗：「這種事也做不到啊？」或對自己的功勞感到自豪：「嗯，反正你們是辦不到的。」總之三兩句話就能惹人生氣。

想和這種人相安無事，首先得**調查對方的身家背景**。故鄉、出生年月日、興趣、喜歡的藝人類型、喜歡的音樂、討厭的東西、家庭成員、朋友關係、腳的尺寸、愛車等等，總之鉅細靡遺地收集資訊。

如此，之前只覺得是「討厭的傢伙」，不知不覺間變成**「雖然討厭卻有興趣的傢伙」**。

這是**愈瞭解對方愈增添親近感**的心理作用。

既然都得往來，與其勉為其難地見面，多少對對方表示興趣，才能相處愉快。

Devil's psychology techniques

只須姿勢後傾就能表現出厭惡感

【評價】
【效　果】★★★
【禁忌度】★★★

即使心裡覺得：「那個人真討厭」，你是否認為沒說出口就不會有人發現？可是**即使沉默，行為與動作也會表現出情感**。

譬如兩人在長椅上比鄰而坐，雖然臉對著你，膝蓋卻朝著反方向，會覺得很疏遠。

面對面坐下時，如果對對方懷有好感，說話時身體會往前傾；若是心裡厭惡，則會擺出倨傲的「後傾姿勢」。

換言之，面對想保持距離的對象，採取略為誇張的後傾姿勢，**用不著說出口，也能顯現出拒絕的態度**。

無視人格維持同調
就能和討厭的對象拉近距離

【評價】
【效　果】★★★
【禁忌度】★★

討厭一個人，覺得很難相處時，這和難以言喻的心理變化有關。就算如此，一個成熟的人可不能說：「討厭的人就是討厭！」尤其對方若是廠商的負責人，也得壓抑討厭的心情，想辦法好好相處。

可是，如果勉強封閉自己的心，滿臉堆笑作陪，心裡將逐漸累積壓力，**可能**因某個導火線而**一口氣爆發**。

在局面無法挽回之前，試著與對方的主張同調。就算是討厭的對象，任何事都一一反對，反而只會累積壓力。

不過，同意對方的意見和主張，表現出接受的態度，對方覺得和你「意見一致」，便能拉近距離。如此一來，**便會陷入彼此有好感的錯覺**。這時便無關對方的人格。盡量在相處時減少壓力，**利用**這種**錯覺也是一種手段**。

Devil's psychology techniques

對可信任的對象故弄玄虛

【評價】
【效　果】★★★
【禁忌度】★★★★

「這個人講的話真的能信嗎？其實他並未說出真心話吧……？」當腦中浮現這種疑問時有個方法可以確認。就是**「故弄玄虛」**。

比方說：「我覺得那個提案不錯。可是昨天我拿給社長看卻被駁回了……如果你能再提出更好的方案就好了。」對方拐彎抹角地否定，你不禁起疑：「社長真的看過了嗎？該不會中途就夭折了？」

這時你立刻嚇唬他：「咦？社長昨天不是出差嗎？」假如社長駁回是真有其事，他就會回答：「沒有，昨天社長在啊。」不過**若是謊言，他必定會吞吞吐吐**。

仔細確認他驚慌失措的態度，並且訂正：「咦？應該不是昨天？」再沉著地離去。對方嚇出一身冷汗，便會謹記不能隨便對你撒謊。

面對不懷好意的邀約先停止思考

【評價】
【效　果】★★★★
【禁忌度】★★

某天老朋友突然聯絡你：「有一門能賺錢的生意……」仔細一聽只覺得古怪異常，因為十分清楚：「這絕對是陷阱。」應該不會有人上當，但實際上受騙的人不在少數。

這是因為被心理學所謂的**「催眠效果」**控制了。

所謂催眠效果，就是反覆聽到：「這真的很不錯」、「現在正是好機會」，這些訊息在腦中揮之不去，隨著時間經過你開始相信：「該不會那個消息是可靠的？」

「世上沒有那麼好的事」、「這絕對是詐騙」，即使一開始冷靜地拒絕，**一旦記憶覆蓋後，不知不覺間抗拒感就會變弱**。

於是，儘管你口頭拒絕：「可是我沒興趣。」卻依然很在意：「他都這麼說了，或許是真的？」

此時又聽到「這可是大好機會」，這次就真的被說動了。

所以，假如有人告訴你可疑的賺錢方法，總之就先**停止思考**避免被洗腦。

若是通電話就假裝在聽，把話筒拿遠一點；若是直接見面談，就拚命想毫無關聯的事，別把內容聽進去。

要是認真地從頭到尾聽完，獨處時就會陷入催眠效果，經過反芻便會信以為真。

如果不想落入圈套，最好還是無視。

借用名人的頭銜增加真實感與說服力

【評價】
【效　果】★★★★
【禁忌度】★★★★

有根據的話和毫無根據的話，何者較有說服力自不用說。數據與調查結果是常用的證據，不過頭銜也是重要的因素。

這是稱為**「光環效應」**的心理法則，**地位與身分等頭銜具有影響人類情感的力量**。

例如談話中只須加上一句：「據經濟學家○○表示……」或「××大學△△教授的研究中……」發言便會增添真實感與說服力。換言之，就是**借花獻佛**。

引證時最好舉出對方佩服的人物。如此，便會覺得這個意見是正確的。此時一舉掌握內心，便成功說服了一半。

不僅專家與地位高的人物，也可以借用對方喜歡的作家或藝人所說的話。總之要讓對方覺得：「既然他都這麼說了，肯定沒錯。」

拒絕時不想被討厭只須「部分迴避」

【評價】
【效　果】★★
【禁忌度】★★

想表達「No」的意思時得十分小心。「辦不到」、「沒辦法」，如果斷然拒絕雖簡單明瞭，卻要擔心是否引起對方不快。

想迴避責任避免造成不愉快，只同意一部分最後再拒絕才是聰明的作法。

「雖然我想承接，但是我不瞭解這個領域，可能會造成您的困擾。」——如此**假裝同意要求**。這麼一來，對方也無法再強求。附帶一提，「拒絕的部分」若**表現出和自己扯上關係就會有負面影響的語氣，將更有效果**。

當然，對方未必能夠認同。老是找藉口迴避責任，只會被貼上「不可靠的傢伙」的標籤。

另外請注意，千萬不要強迫如此拒絕的人。假如失敗時，責任反而會被推到身上：「所以我才說辦不到嘛！」

巧妙煽動
利用性情乖僻的好事者

【評價】
【效　果】★★★
【禁忌度】★★★★

沒人拜託卻開始處理、擅自決定事情的「好事者」，任何團體中都會有一位。

即使旁人對「愛出風頭的人」退避三舍，當事人卻依然故我繼續推動事情。

對於這種人，**不要反抗，讓他出手才能相安無事**。因為這種人的**自尊心強烈**，若遭到反抗，就會鬧彆扭不配合。

既然如此，縱使或多或少覺得討厭，表面上還是讓他隨心所欲地動手，才能諸事大吉。

如果給他戴高帽，他就會接下任何人都不想碰的麻煩事。換個想法，也算是**好用的人**。

不過，如果他太為所欲為時，別忘了提醒他：「似乎還滿順利的，沒問題吧？」

Devil's psychology techniques

對是非分明的人斷然地主張自我

【評價】
【效　果】★★★
【禁忌度】★★

日本人絕大多數都不清楚表達自己的意見，其中仍有凡事都要求是非黑白的人。這種人對別人也會強迫要求：「是黑是白？」、「Yes or no？」

不過依照應對方式，這種人很好對付。因為非黑即白的人，如同字面上的意思，**只是想弄清楚自己與對方的態度**。所以你也說：「我不贊成！」**斷然地自我主張即可**。即使意見分歧，坦率表示意見的態度反而令人有好感。

另一方面，一直維持曖昧的態度，只會被視為優柔寡斷的人。及早清楚表達自己的意見才是重點。

想讓對方聽從自己的意見
就斷言「你就是～」

【評價】
【效　果】★★★
【禁忌度】★★★★

想讓對方聽從自己的意見時，強硬地主張反而會招來反感。

與其如此，不如先奠定讓對方容易接受的基礎，反而更省事。

此時**占卜師的技巧**能派上用場。分割對方的一部分，**以柔軟的態度斷言**：「你就是～」

總是非常努力、經常忍耐、對任何事都很認真……諸如此類，舉什麼例都可以。

這個方法的訣竅是，**選擇任何人都適用的內容**。這種模稜兩可的說法，任何人都能想到一、兩個特質。

如此，聽者會自以為你非常瞭解他，而對你敞開心胸。

占卜師運用巧妙的話術，算命的人聽到這些微不足道的內容，卻深深感動：「好準喔！」

話雖如此，無論提出何種話題，也有可能被否定：「沒那回事。」

因此，再次否定只會觸怒對方。

這時不妨接著說：**「你〇〇的一面連自己都沒察覺到。」**

換言之，分割成「你沒發現自己～」和「其實你是～」來迷惑對方。

若是這種說法，並沒有能否定的要素。並且，**前提是連自己也未曾察覺，當下也無法斷言並非如此**。

由於覺得認同你的說法，他便願意聆聽你的意見。

對於八面玲瓏的人溫和地逼他下結論

【評價】
【效　果】★★★
【禁忌度】★★

不反對別人意見的人乍看之下協調性很好，其實也算是某種程度的問題。

八面玲瓏的人對任何人都好臉色，不得不說有點麻煩。只因他們不想被別人討厭，而不太表達自己的意見。

你以為他贊成某個意見，結果他對其他意見也點頭稱是。如此事情拖再久都無法決定。

對於這種人**即使有些強硬，也要逼他下結論：「這樣可以吧？」**然後補充一句：「不過，如果有異議現在快說。我會幫你。」

即便是優柔寡斷的人，如此受到支持也會容易說出自己的意見。這時的確令人心裡著急，但**重點是要溫和地開導他**。

另外，這種人會接下所有工作而操勞過度，結果容易每件事都有半途而廢的傾向。八面玲瓏的人心中，沒有拒絕別人的想法。

因此可以建議他：「既然你很忙，拒絕就好了嘛。這讓其他人來做也沒問題。」便不會招惹無謂的麻煩。

Devil's psychology techniques

頑固得超乎常識的人 脫去「束縛」後變成人來瘋

【評價】
【效　果】★★★
【禁忌度】★★

趁著聚會的興頭去唱卡拉ＯＫ續攤，入座後一問：「誰要唱第1個？」卻有一股見外的氣氛。

這時你遞上麥克風說：「你唱、你唱。」也絕對會有人拒絕：「不不，你先請。」邊說邊用手把麥克風推回來。

這種人絕非不擅於唱歌。反而是抓緊麥克風熱情演唱的人。

不過，「別人勸誘你做什麼時要客氣一下。」這種**「傳統父母的教誨」**深深扎根，**大家認為不顧別人，爭先恐後是非常失禮的事**。其實很想開口唱歌，也絕不會說：「好，我要唱！」只能靜靜等待麥克風輪到自己手上。

碰上這種認真的人，就先為他脫去束縛吧。大家唱得興高采烈，牢牢緊閉的**人類快樂泉源**的**「本我」**就會探出頭來，使氣氛更歡樂喔。

Devil's psychology techniques

強拉吝嗇死腦筋的人去玩 就能激發興趣

【評價】
【效　果】★★★
【禁忌度】★★

吝嗇死腦筋的人是很難相處的典型。工作結束後也不會痛快地喝幾杯，當然也不會玩女人。發薪日也不理會同事的邀約，早早地收拾回家。

不過，再認真保守的人，也不是全無欲望。更何況當今社會，在網路上搜尋一下，盡是滿坑滿谷刺激欲望的資訊。雖然興致勃勃，心裡卻想著花自己的錢太浪費了。

因此，想隨心所欲地推動這種人，需要強硬的手段。把他強行帶到這種店，**總之「先讓他體驗」**。

一旦踏入之前只能妄想的世界，再死腦筋的人也無法抵抗。之前的忍耐，肯定會**一口氣宣洩**。

並且，面對帶領他到這個世界的你，他將抬不起頭來。

想操控我行我素的人 只須反過來利用他的獨立心

【評價】
【效　果】★★★
【禁忌度】★★★

我行我素的人在團體中是有點麻煩的人物。他擅長獨自行動，不想和夥伴合作。只要有一位這樣的人，就會擾亂團隊的和諧。

與其強迫這種人與他人配合，**反過來利用他的獨立心才是上策**。

只須指示作業內容、分量與期限等要點，接下來就交由當事人裁量。這時，**最好也明確指出他的責任範圍**。

若是能自己決定具體行動的情況，他必定會拿出幹勁著手進行。

順帶一提，這種人比起好惡更重視得失的傾向也很強烈，準備好獎勵也是一種手段。

對困苦出身微笑相陪

【評價】
【效　果】★★★
【禁忌度】★★

無論年紀多大，有些人會提起過去的苦日子開玩笑。

「自來水老是被切斷，下大雪時就拚命貯存。」、「發薪日之前午餐都在公園的飲水處解決。」諸如此類的。

如果父母聽到可能會暴怒：「真沒出息！」都一把年紀了卻毫不在乎地說出口。

可是，既然不是骨肉至親，也**不必斥責**聊苦日子的人。如果不想繼續聽，就以「同調微笑」輕輕迴避即可。

聊起自虐話題的人，當然是**以引人發笑為前提**，所以當事人也樂不可支。你就乾脆**跟著陪笑**。

既然是笑話，只要陪笑對方就會滿足。要是做出錯誤反應，嘆氣說道：「真是淒慘。」他可能會舉出更悲慘的例子，這點請注意。

Devil's psychology techniques

和工作狂工作時 調查他的興趣

【評價】
【效　果】★★★
【禁忌度】★★

對自己與別人在工作上很嚴格的人，當一起共事時工作順利倒還好，一旦出狀況那可不得了。因為個性認真頑固，他可能冷言冷語：「我沒辦法和你一起工作！」導致工作毫無進展。

此時，縱使你試圖修復關係向前搭話：「哎呀～最近過得如何？」他可能只會冷冷地回：「幹麼？」如此陷入僵局時該怎麼辦呢？

這時應先調查對方。這種人大多**對於某個領域「總是忍不住發表意見」**。

例如在運動與興趣等領域，擁有堪稱行家的本領與見識。就是他的**擅長領域**。

瞭解這點後，就若無其事地把話題帶到他的「拿手本領」。如此，他肯定會如同專業解說員般開始長篇大論。

趁他撬開的心扉尚未關閉前，再提起工作的問題吧。

徹底無視愛開黃腔的男人

【評價】
【效　果】★★★★
【禁忌度】★★

無論性騷擾問題在社會上引發多大的話題，仍舊有男人愛講一些不堪入耳的下流話。尤其在開懷暢飲的酒宴上，擅自接近年輕女性，不斷地講一些在電視上會被消音的用語。

這種男人並非單純的色鬼。在精神面也是**等同於暴露狂的變態**。

暴露狂對路上的女性露出自己的性器官，看到她們驚聲尖叫就會興奮，滿不在乎地開黃腔的男人也一樣，看到女性露出厭惡或羞赧的表情，就會興奮不已。

反過來說，這也是**自己欠缺男性魅力的情結所致**。平常接觸的女性既不理睬，也不順從自己。既然如此，就用絕對會有反應的下流話接近對方。換言之，他已經放棄了一般的純潔悸動，變成**可悲的歐吉桑**。

碰到這種性騷擾大叔**最好不予理會**，要是他依然糾纏不清，只好向公司主管投訴，讓他接受「社會的制裁」。

Devil's psychology techniques

冷酷地戒備用名字自稱的女人

【評價】
【效　果】★★★★
【禁忌度】★★

明明都一把年紀，卻有女性以名字自稱。「洋子我啊～」、「那是香織的。」若是小學低年級女生的對話還算自然可愛，長大以後仍說得這樣順口的人，或許是**孩子氣的自我中心主義者**。

儘管兒童用自己的名字自稱，長大後也會自動切換成「我」。不想轉換是因為想撒嬌的心理並未消失，這是**「自己嬌小柔弱，想被人保護」**的意識表現。

可靠的人若對這種人太大意，可能會陷入得照顧她、被依賴的窘境。如果不想變成「監護人」，只得成熟冷淡地應對，嚴加防範。

扮演「天真的妻子」面對斤斤計較的丈夫

【評價】
【效　果】★★★
【禁忌度】★★

工作能幹、服裝整齊的丈夫，一起出門倒是頗有面子，在家卻是嘮叨不休。

「積灰塵了！」、「去整理房間！」、「晾衣服的時候要拍打一下，把皺紋弄平！」

總之眼睛不放過每一個細節，對妻子的要求也很嚴格。**只要相處一天就累個半死**。

想讓這種挑剔型的老公閉嘴，家事做到讓老公滿足的水準是最好的方法，實際上這麼做身體可吃不消。既然如此，只好扮演**「天真的妻子」**。

當丈夫開始檢查家事時，「對不起～」妳就以天真無邪的笑容應對，整理到一半邊說：「哇，好懷念喔。」一邊停下手邊工作。

看到妻子慢吞吞的，丈夫要是不耐煩地說：「算了！我來！」那就太幸運了。殊不知妻子在心裡竊笑，他倒是快速俐落地打掃整理完畢。

別反抗牢騷不斷的妻子

【評價】
【效　果】★★★
【禁忌度】★★

結婚時幻想和溫柔的妻子與小孩共組快樂的家庭，時日一久這個理想卻逐漸消逝。辛苦工作一整天，回到家卻只聽到妻子的抱怨。對現實感到疲憊的父親想必不在少數。

可惜的是，就算叫妻子別再抱怨也無法停止。結果妻子反而惱羞成怒：「你做好不就得了？」

面對這種嘮嘮叨叨喋喋不休的妻子，不要反抗，**照她所說的行動**。當她又開始嘮叨時，立刻說：「是是，對不起。」、「啊，抱歉，抱歉。」老實聽話才能將牢騷減至最低。

另外，如此被妻子操縱行動，家庭內會顯現出「敗犬效應」。這是**人會想對弱者伸出援手**的心理效果，總是唯唯諾諾的可憐老爸，孩子見了將會伸出愛的援手。

既然如此算計，妻子再囉嗦也能當耳邊風了吧？

使對方與自己的心思無所遁形

禁斷的心理測驗 No.13

Q. 半夜照鏡子時映出了動物。那是什麼動物？

A・狗
B・貓
C・大象
D・貓熊

★診斷★
從本測驗可得知…

你的自戀程度

……選擇 A 的人……
對自己毫無自信。自戀程度零。

……選擇 B 的人……
喜歡到幾乎愛上自己。自戀程度 100%。

……選擇 C 的人……
不只自己，也希望他人認同。自戀程度 80%。

……選擇 D 的人……
對自己還算有自信。自戀程度 50%。

使對方與自己的心思無所遁形

禁斷的心理測驗 No.14

Q. 有一面鏡子能將人映照得比實際上更有魅力。它是什麼形狀？

A．圓形

B．四角形

C．三角形

D．橢圓形

★診斷★

從本測驗可得知…

你的自信程度

……選擇 A 的人……

雖然沒有自信，但是被人稱讚就會有自信。

……選擇 B 的人……

比起外表，對於內涵更有自信。

……選擇 C 的人……

不太注重外表。

……選擇 D 的人……

對外貌有自信。

使對方與自己的心思無所遁形

禁斷的心理測驗 No.15

Q. 你睡覺時是什麼姿勢？

A · 雙腳微彎側睡

B · 蜷起身子像胎兒般側睡

C · 大字形仰睡

D · 手腳伸直趴睡

E · 手腳蜷曲趴睡

★診斷★

從本測驗可得知…

你的壓力程度

……選擇 A 的人……

精神狀態穩定，壓力程度低。

……選擇 B 的人……

容有產生精神壓力。

……選擇 C 的人……

不懂別人微妙的變化，壓力零。

……選擇 D 的人……

一絲不苟又神經質，容易累積壓力。

……選擇 E 的人……

壓力非常大，有失眠傾向。

第6章
推測難搞對象深層心理的方法

喝醉時兩眼發愣的人壓力即將爆發

【評價】
【困擾度】★★★
【警戒度】★★★★★

三杯黃湯下肚把酒言歡的團體中，若發現有人凝視一點紋風不動，最好別去招惹他。

「欸，開心一點嘛。」你隨意向他搭話，到頭來**他可能會像機關槍掃射般，將之前累積的不滿整個發洩出來**。

一喝酒就兩眼發愣的人，平時多半是笑容可掬、和藹可親的人。受到大家信賴，好感度也不錯，但內心卻累積了不為人知的不滿。

例如對於公司同事，「快點工作！」、「廢話少說！」、「那件工作不是你的功勞！」這些話差點脫口而出，但因**無法說出口的不平不滿而暗潮洶湧**。

如果平日懂得釋放壓力，就不會累積過多，但是「好人」做不到這一點。所以一旦醉意襲來，不滿就一股腦兒爆發。

兩眼發愣正是**想說的話忍到極限的證據**。在他爆發前趕緊散場才是萬全之策。

Devil's psychology techniques

辦公桌上排滿私人物品表示領域意識極強

【評價】
【困擾度】★★★
【警戒度】★★★

就常識而言，可以帶到公司的私人物品，大概就馬克杯或文具吧。

儘管如此，卻有員工在自己辦公桌上擺滿與工作無關的相片、最愛的角色公仔或玩偶等私人物品，打造出「個人世界」。

這種人的**地盤意識相當強烈**。換言之，他會擅自決定自己的領域，並**依自己好惡「挑選」能出入的人**。

要是被這種人討厭，就會像狗替飼主的家人決定排名般，地位被降低，可能會被一直瞧不起。話雖如此，如果你討厭拍馬屁，就**盡量在相處時和他保持距離**。

持續探索自我的人 正在尋找認同自己的人

【評價】
［困擾度］★★★
［警戒度］★★★★

「這份工作不適合我」、「我想尋找自己更想做的事」，有不少人因此辭去工作或一直跳槽。

並且，也有不少太太生下孩子後便傾全力養兒育女，似乎忘了丈夫的存在。

這兩種人其實有一種共通的深層心理。那就是**「壓抑」**。

兩者皆**壓抑著不被他人與社會認同的不滿**。

接連更換工作與容身之處，就當事人而言是尋找自我之旅，但再怎麼更換場所尋找自我，結果自我只存在於自己心中。

結果這種人所做的並非尋找自我，而是**尋找認同自己的人與環境之旅。**

另一方面，過度熱衷於養兒育女的人，大多是同樣正在與想獲得認同的欲望奮鬥。

新婚時期丈夫對自己不理不睬，只顧著工作和自己的興趣，老是不在家，把空蕩蕩的房子交給自己……。

這種喪失感藉由在孩子身上傾注心血來填補。不被丈夫認同的潛在欲望總是悶在心裡。

假如你有家人朋友採取這種行動，再怎麼規勸：「幹嘛尋找自我……」也不會有結論。

與其如此，不如**提出能滿足壓抑的欲望的東西**。

話雖如此，其實一點也不難。只要**清楚說出**：「我認同你。」、「你總是很努力。」**表達出你的態度**。

壓抑欲望的人，通常自己也未曾察覺。所以，先從認清自己的壓抑著手吧。

隨便稱讚他人的人 其實心懷敵意

【評價】
【困擾度】★★★
【警戒度】★★★★★

應該沒人被稱讚會覺得討厭，可是把讚美當真則未免太愚蠢。

開口閉口盡是讚美：「哇，好厲害！」、「真有品味！」**有些人**的客套話與恭維的背後，**懷有敵意與對抗意識**。

自己有著難以接受的情感時，人會採取相反的言行來抑制感情。這反應在心理學稱為**「反向作用」**。

譬如懷有強烈的嫉妒心時，為避免被看穿，反而極力稱讚對方的行為。在笑容與讚美的背後，**內心對對方充滿了強烈的憤怒與鬥爭心**。

陶醉於表面上的讚美，可能會被暗算。太過疑神疑鬼也是個問題，不過**被稱讚時小心提防**，或許正是中庸之道。

總是笑盈盈聽人說話 是因為不想惹對方生氣

【評價】
【困擾度】★★
【警戒度】★★★

總是笑容滿面，善意聆聽對方說話的人，通常個性老實溫和。可是，其中也有人個性原非如此，基於強迫觀念才無意識地露出笑容。

譬如**歇斯底里的父母**養育出的孩子，在成長過程中總是討好父母，免得惹他們生氣。另外，學生時代曾**被霸凌**的人也會自然地察言觀色，即使長大成人也不會改變，無法自拔。

換言之，總是滿臉堆笑，是**不想惹惱對方的防衛本能**。所以，當他面對不用露出笑容的對象時，就會變得很冷淡。

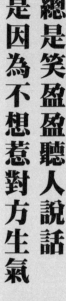

Devil's psychology techniques

講電話音量大聲的人是想凸顯自己的偉大

【評價】
【困擾度】★★★
【警戒度】★★

行動電話與智慧型手機普及後，在街上與咖啡廳講電話成了理所當然的光景。大多數人會顧慮他人壓低音量，其中也有人像在炫耀般大聲講電話。

因周遭雜音而收訊不清楚時倒是情有可原，在安靜的咖啡廳裡毫無顧忌地扯開嗓門，**只不過是**那個人**想向旁人表達自我**。

換言之，讓旁人聽到電話內容，是**想讓人知道**自己有這麼多能聊電話的朋友、**自己能使喚這麼多人，真了不起**。

公司裡講電話異常大聲的人也相同。刻意向職場上的夥伴顯示自己工作勤快而扯開喉嚨。

這種人乍看之下很有自信，其實大多正好相反。因為**對自己缺乏自信內心不安**，為了遮掩才虛張聲勢：「我很快樂」或「我的工作能力很強」。

Devil's psychology techniques

自言自語的人希望別人認同自己的努力

【評價】
【困擾度】★★★
【警戒度】★★

明明是獨自作業卻自言自語：「這邊狀況不太好。」或「剩下這裡和這裡就完成了！」你在職場上是否看過這種人？

或者在家裡母親或妻子嘴裡唸著：「接下來洗完衣服後還要打掃！」刻意讓人聽到正在做家事的人也不少。

這種人並非單純地碎碎念，其實**想向旁人主張「自己有多麼努力」**。

不過，這種人大多很消極，實際上無法好好地向別人表達自己努力的樣子。儘管對自己不滿卻又忍耐，無意中真心話變成了止不住的自言自語。

所以，若你聽到他自言自語，千萬別覺得厭煩，**不妨說些慰勞的話**：「辛苦了。」或「你真努力。」如此一來，對方覺得自己所做的事得到認同便會感到滿足。

立刻道歉的人心裡輕視對方

【評價】
【困擾度】★★
【警戒度】★★★★

知道失敗的那一瞬間能夠迅速道歉的人，在旁人眼中的評價也不錯。

然而仔細一想，很顯然這並非深思熟慮後的謝罪。換言之，通常只是反射性地說出「對不起」。

總之先賠罪，可以緩和對方的怒氣，也不會降低他人對自己的評價。能夠以如此合理的思考行動，可說是**非常厲害的人**。

而且，他**背地裡輕視對方**，也頗有自信：「跟這個人認真爭論也沒有意義」。和老實的態度相反，內心覺得：「**是是，道歉就好了吧？**我也是很忙的。」盡是無禮的想法。

如果你以為他是老實的好青年，可能是個天大的誤會。輕易的賠罪可千萬大意不得。

Devil's psychology techniques

不承認自己錯誤的人只是孩子氣的大人

【評價】
【困擾度】★★★
【警戒度】★★

失敗時不老實道歉只顧著找藉口，不只是因為這個人不果斷。找藉口的人心中，**留有希望有人保護自己的幼稚部分**。也許他從小被周遭的大人與兄姊細心呵護，在過度保護下長大。

所以，即使明知自己有錯卻依然說：「可是」、「我盡力了」，**拚命地為自己辯解**。

可是原本失敗時應該要立刻承認、查明原因，並且盡速補救。只顧著迴避責任，重複找藉口，充其量只是孩子氣的大人。

自詡為美食家的人
其實是非常愛自己的隱性自戀狂

【評價】
【困擾度】★★★
【警戒度】★★

「吃蕎麥麵的話，第一口不能沾麵露。」或「今年的薄酒萊新酒差了一點。」一有機會就想表現出美食家一面的人，有著**最愛自己的自戀傾向**。

自己對飲食擁有豐富的知識，比任何人更清楚美味的名店，對於很清楚味道的差異頗為自負，非常喜歡這樣的自己。所以和人一起吃飯時，總是喜歡自詡為美食家。

烤肉的方式、壽司應該從哪種食材開始吃，總是挑三揀四，應該有人覺得厭煩吧？

不過，視情況這種人也是「好用」的人物。選店家喝酒聚會時請他提議，他馬上會告訴你推薦的店家，大家一起吃火鍋時他也會率先幫忙料理一切。

飲食方面**再麻煩的事他也會勤快地動手**。就算他賣弄淵博的知識，隨便聽聽就好。

過度沉迷興趣的大人 其實陷入了逃避行動

【評價】
【困擾度】★★★
【警戒度】★★

長大成人之後還能投入興趣是很令人羨慕的事。但是，如果沉迷到妨礙工作或家庭生活，或許是危險的信號。

一般人的想法中，投入興趣證明了私生活與工作很充實，但有時是**不滿現實的逃避行動**。

至於如何看清，重點在於**平衡**。興趣與工作都很充實就沒問題，如果經常投入興趣而忽略工作不顧家庭，就**極有可能陷入逃避行動**。

「要不要一起來？」一受邀後若以輕鬆的心情往來，也許會被捲入意想不到的麻煩。這時不得罪對方，把話岔開才能平安無事。

使用略語與隱語是想要守護自己的歸宿

【評價】
【困擾度】★★
【警戒度】★★★

「明天的會議得重排。」、「需要集研。」不少人經常使用略語。重排是重新安排（日程）、集研是集體研討（在團隊中交換意見）的略語，刻意使用不必要的略語，是**想提高夥伴意識，確認自己歸宿**的心理表徵。

說話時使用略語和隱語，在旁人眼中顯得滑稽可笑，不過當事人在行得通的環境中卻能放心。

想讓這種人碰釘子很簡單。若是對話開頭，就**刻意確認**：「重新安排預定嗎？」、「是指需要商量嗎？」

開心地使用略語被一一重說一遍，由於**「共通語言」不管用的不安**，肯定能打亂對話的節奏。

只要冷淡地說話，就不會被對方的步調拉走。

愛說人壞話或聊八卦的人是因為欲求不滿

【評價】
【困擾度】★★★
【警戒度】★★

若有人愛說人壞話或聊八卦，周遭的人會感到不太愉快。確實任何人對八卦多少都有興趣，若太過度可能會破壞人際關係，也會疑神疑鬼哪天自己也變成八卦主角。

儘管如此，如果有人總是愛聊八卦或說人壞話：「他被拔擢為領導者是因為向部長獻媚。」或「那兩人偷偷地交往。」那就是**欲求不滿的表現**。

這種人不滿於自己的生活，**非常羨慕別人的生活**。明明很努力卻未被稱讚的不滿；對於生活過得比自己快樂的人的羨慕；以及對於比自己有能力的人的嫉妒等，內心鬱積了相當多的不平不滿。

這些糾葛的情感變成以講壞話聊八卦的形式宣洩，變得**無藥可救**。若當事人無法獲得幸福滿足的生活，就無法停止聊八卦。

在電車上化妝的女性
生活在狹隘的人際關係中

【評價】
【困擾度】★★★★
【警戒度】★★★

無論電車內再擁擠，一上車就搶位子，拿出化妝包開始化妝。等到下車時整張臉宛如判若兩人。「電車上的化妝女」即使遭受社會非議，依然沒有消失的跡象。

滿不在乎地讓人看見上妝的樣子，簡言之就是**缺乏社會性的證據**。再進一步說明，在她的認知中，自己生活領域中父母、朋友或情人是人，她卻**不把陌生的乘客當成人**。也就是說，陌生人等同於家裡洗手台上的衛生紙、香皂或毛巾等物品。所以，她絲毫不覺得自己在公眾面前化妝會引起別人不快。即使你提醒她在人前化妝很不像話，結果她也只會回答：「我不懂你的意思。」

這種人和人初次見面時無法好好交談，也完全不想建立豐富的人際關係。一想到**她是只在狹隘的人際關係中結束人生的可憐人**，或許就能克制想責備化妝女的心情了。

愈懦弱的人愈會頂撞人

【評價】
【困擾度】★★★
【警戒度】★★★

當場頂撞別人，異常有著攻擊性的人，乍看之下很剛強，不過本質上通常是懦弱的人。這正是**愈弱的狗愈會叫**。

受到一點批評就無法忍受：「你才糟糕咧！」歇斯底里地咄咄逼人，絲毫不給予反駁的餘地。之所以做出如此過度的攻擊性反應，是因為**想掩飾自己懦弱的防禦本能**所致。

相反地，真正強悍的人氣度恢宏，受到一點批評不會動搖。不會為了小事一一頂撞對方，所以不久後他高尚的人格就會受人欽佩。

立刻同意的人 容易意見反覆

【評價】
【困擾度】★★★
【警戒度】★★★★

開會時其實能看清參加者各自的個性。有人固執己見毫不讓步；有人曖昧地表達意思；也有職員只擔心風險，盡是否定的意見。

匯集會議的意見並不容易，若想順利推動議題，最好警戒與會者之中輕易說出「Yes」的人。

對任何意見都立刻贊同：「不錯耶！我也一直思考著這個方案。」這種人很有可能只是**功利主義者**。

他只是觀察現場形勢偏向有利的一方，一旦情況改變，他可能心念一轉：「果然，從一開始我就覺得這個方案行不通。」

另一方面，若想拉攏同伴，最好找陳述否定意見的人。耐心說服這種人，若能讓他說出「Yes」，之後他不會推翻意見。並將成為強大的夥伴。

Devil's psychology techniques

以時間順序談話的人很在意他人的評價

【評價】
【困擾度】★★★
【警戒度】★★★

有些人說話從發生順序一五一十地說明：「對方先是這麼說，接著變這樣……」這種人通常很在意他人的評價。

因為**他認為**如此**仔細地說明對方會覺得親切**。他深信如此對方便會高興，自己的評價也會提高。

可是，如果對方想要先聽結論，反而會降低評價：「說話拐彎抹角的，又臭又長！」因此，反倒拚命地想提高評價，讓談話變得更囉嗦。

和這種人對話時，**不妨先提出時間限制**：「等一下我有事，時間不太夠。」如此一來，他會努力盡量簡明扼要地對話。

或者在對話途中插嘴：「原來如此！結果最後怎麼了？」**一邊表現出很感興趣，一邊引導出結論**，便能不傷他的自尊心縮短談話時間。

Devil's psychology techniques

總是和同樣的人玩在一起的人十分謹慎

【評價】
【困擾度】★★
【警戒度】★★★

隨著年齡增長，「做〇〇會失敗」、「過於冒險會嚐到苦頭」等，之前的自身經驗都會變成負面教材。

結果，對於以前大膽挑戰的新事物也躊躇不前：「失敗很討厭，還是算了。」

這在人際關係也相同，總是和同一批朋友玩在一起的人十分謹慎。

如果增加新朋友，會因此**覺得討厭**，也會增加**被捲入麻煩的可能性**。因為之前如此痛苦的經驗，所以只跟固定的人往來：「這個人是知心好友，可能放心地玩在一起。」

這種人對於人際關係十分慎重，對初次見面的人需花點時間才能敞開心胸。如果想和他關係變好，**不要焦急，花時間贏取信任吧**。

Devil's psychology techniques

熱心過頭的人會突然變成跟蹤狂？

【評價】
【困擾度】★★★
【警戒度】★★★★

小時候憧憬戰隊特攝片英雄，化身為登場人物玩遊戲的經驗，相信不少人都有過吧？這個行為在心理學上稱為**「認同」**，無法區分自己與他者，想要成為類似的存在。

若是孩子的遊戲倒沒有問題，長大之後仍有這種傾向的人有時會有問題。

尤其熱心幫忙的人、會介入私生活的人多半是這種類型。他會**重疊自己與對方的人生，並走上歧路**。

如果只是愛管閒事倒是無害，若是逃避現狀的行為則相當危險。這種行動有時會升級成跟蹤狂。假如覺得不妙，最好和他劃清界線。

無法克制轉筆的人 心裡壓抑著欲望

【評價】
【困擾度】★★
【警戒度】★★★

手上的筆繞著拇指轉一圈。要是變成轉筆達人，還會擁有更高級的技巧，總之一旦開始就轉個不停。

聽人說話、思考時、講話時也一直旋轉、旋轉、旋轉……看著的人真想大叫：「你給我適可而止！」

為何轉筆的人停不了這個動作呢？而且轉筆究竟是什麼？根據心理學家佛洛伊德表示，**筆是象徵男性生殖器的一種東西**，玩弄筆**等同於「自慰行為」**。

原本與其轉筆更應該自慰。可是，由於在家庭教育中這是「不能做的事」，而抑制了這種欲望。總之就藉由轉筆來**壓抑欲望**。

但是轉筆無法滿足欲望。也有可能不知會在何時失控，女性最好別靠近他才是保身之道。

Devil's psychology techniques

「禁止穿鞋」上愛車的男人害怕活生生的女性？

【評價】
【困擾度】★★
【警戒度】★★★

愛車如命的人，男性鐵定多於女性。

結果將愛車視如至寶更甚情人，成了滿足自己的重要存在，而且絕對不可弄髒。當然不准穿著髒鞋上車，就算女友也要嚴守「禁止穿鞋」的規矩。

車上「禁止穿鞋」的男性，為何會有如此執著的想法呢？

那是**因為對於活生生的女性感到恐懼**。可能在嚴格的家庭中長大，從小被灌輸對女性懷有下流情感是「惡」，長大後將女性視為性對象感到罪孽深重。

遵從父母絕對的命令壓抑欲望的結果，性愛對象變成了沒有體溫與感情的機械。就心理層面的觀點，**裡面空洞的車子也是女性性器官的象徵**。在此穿鞋上車，**等同於自己所愛的人遭到玷汙**。

如果毫不知情穿著鞋子上車的女友被痛罵，那他肯定是機械戀物癖。假如想要一般的戀愛，最好停止和他交往。

霸凌弱者的人度量狹小

【評價】
【困擾度】★★★★
【警戒度】★★★

對比自己地位低的人以高壓方式說話，或採取攻擊性態度。這種問題人物，其實度量非常狹小。

例如對於總是嚴厲斥責的主管感到氣憤，但是對方是上司又不能直接抗議；或是老是被嚴格的雙親支配，無法隨心所欲而累積壓力。

換言之，**原本這種煩躁感應發洩的對象是比自己強的人物，因此積在心裡說不出口**。所以才對弱者發洩不滿、消愁解悶。

如此，**怒氣轉向對象以外**，在心理學稱為**「置換」**，至於被發洩的對象，只覺得蠻橫無理。自己不該變成發洩壓力的目標。

面對這種人，應在眾目睽睽之下光明正大地向當事人抗議。

「我又沒有錯，請不要遷怒到我身上。」

「別只是雞蛋裡挑骨頭，請提出建設性的意見。」

「既然你說我錯了，那請你詳細說明。」

被自己輕視的人如此當面指責，**或許會**更加火冒三丈，**克制不住當場發飆**。

然而這也是**策略之一**。在眾目睽睽之下如此失態，他應該就會醒悟。

總是不爽快地欺負弱者，一點一滴地發洩壓力，**一旦情緒爆發，當事人也會暢快許多**。

採取這種直接的反擊，他就會冷靜地思考自己的所作所為。

含糊其辭的人缺乏責任感

【評價】
【困擾度】★★
【警戒度】★★★

有人任何事都爽快地表達己見，也有人言語曖昧含糊其辭。在必須決定事情時，如果你面對的是後者，是否覺得談話遲遲未有進展呢？

該怎麼做、希望怎麼做都不清楚傳達意思，「有人做那是最好……」或「這樣似乎也不錯……」總是措詞曖昧，這也是**將決定權交給對方來迴避責任的心理表徵**。

和這種人決定事情時，得小心責任被推到自己身上。不知不覺間他可能會捏造出你沒說過的話。

「你想說的，就是這一回事吧？」須清楚指出**明確的責任所在**。

面無表情神經質的人生活在自己的規則中

【評價】
【困擾度】★★
【警戒度】★★★

不知在想什麼，面無表情的人給人很難相處的印象，實際上相處過後就能理解。

因為**面無表情的人多半是神經質的人**，這不只是單純的印象，而是經過美國某間大學的實驗驗證。

注重細節在某種意義上雖是優點，要是太超過，對別人嘮嘮叨叨，那就只是神經質。

神經質的人容易動怒。從收東西的方式到開門關門、連印章的蓋法都**自有一套正確的規矩**，無法容許別人的其他作法。所以總是感到煩躁。

因為平時對瑣事覺得煩躁，心裡**總是埋著憤怒的種子**。縱使有開心的事也不形於色，頂多只是臉皮微動，基本上是見不到笑逐顏開的。過於深交自己會勞神費力，最好保持若即若離的態度。

使對方與自己的心思無所遁形

禁斷的心理測驗 No.16

Q. 你會在無意識中碰觸身體哪個部位？

A・頭
B・臉
C・肩膀
D・手臂
E・胸腹部
F・腰或膝蓋

★診斷★

從本測驗可得知…

你現在隱藏的心情

……選擇 A 的人……

覺得「抱歉」。

……選擇 B 的人……

對眼前的人感到不快。

……選擇 C 的人……

想轉換心情，想要解放。

……選擇 D 的人……

對在場的説話者持批判的態度。

……選擇 E 的人……

想吸引周遭人們的注意。

……選擇 F 的人……

想獲得認同的心情很強烈。

使對方與自己的心思無所遁形

禁斷的心理測驗 No.17

Q. 你常夢見什麼？

A・浴室
B・警察
C・醫院
D・小偷
E・正在洗東西
F・正在吃東西

★診斷★

從本測驗可得知…

你隱藏的欲望

……選擇 A 的人……

想排除自己的煩惱。

……選擇 B 的人……

希望受到保護不被自己或他人的衝動情感傷害。

……選擇 C 的人……

想逃離不安。

……選擇 D 的人……

想像小時候那樣被寵愛。

……選擇 E 的人……

希望罪行被饒恕。

……選擇 F 的人……

想得到愛。

使對方與自己的心思無所遁形

禁斷的心理測驗 No.18

Q. 有 3 張形狀不同的椅子。你會選哪 1 張？

A · 折疊式鐵椅

B · 沒有椅背的木凳

C · 有扶手的骯髒椅子

★診斷★

從本測驗可得知…

你在團體中的地位

……選擇 A 的人……

開心果

只要你在團體內，氣氛就會很熱烈，在宴會中不可缺少的人，但也有容易得意忘形的一面。

……選擇 B 的人……

地下領導者

平常並不顯眼，但緊急時非常可靠的人。

……選擇 C 的人……

討厭曖昧不明的好事者

大家意見分歧時，不自覺地就想歸納的班長型人物。

【主要參考文獻】

《心を透視する技術》（伊達一啓／日本文芸社）、《「他人が読める」と面白い》（渋谷昌三／新講社）、《嫌いなあの人を味方に変える12の方法》（久保俊博／かんき出版）、《心を上手に透視する方法》（トルステン・ハーフェナー著、福原美穂子訳／サンマーク出版）、《心理分析があなたにもできる本》（心の謎を探る会編／河出書房新社）、《対人関係で度胸をつける技術》（渋谷昌三／ＰＨＰ研究所）、《他人を動かす質問》（内藤誼人／大和書房）、《ワルの知恵本》（門昌央と人生の達人研究会編／河出書房新社）、《相手を自在に操るブラック心理術》（神岡真司／日本文芸社）、《いるいる！　大事典》（富田たかし／しょういん）、《カリスマ　人を動かす12の方法》（石井裕之／三笠書房）、《世界は感情で動く　行動経済学からみる脳のトラップ》（マッテオ・モッテルリーニ著、泉典子訳／紀伊國屋書店）、《手にとるように心理学がわかる本》（渋谷昌三・小野寺敦子／かんき出版）、《嫌な人とうまくつきあう心理学》（齊藤勇／河出書房新社）、《「説得上手」の科学》（内藤誼人／日本経済新聞社）、《知識ゼロからのビジネス心理術》（匠英一／幻冬舎）、《90秒で好かれる技術》（ニコラス・ブースマン著、中西真雄美訳／ディスカヴァー・トゥエンティワン）、《またまたワルの知恵本》（人生の達人研究会編／河出書房新社）、《イラッとくる人　不機嫌な人間関係を変える心理学》（渋谷昌三／ＰＨＰ研究所）、《口説く技術》（内藤誼人／ソフトバンククリエイティブ）、《「できる人」の話し方&コミュニケーション術》（箱田忠昭／フォレスト出版）、《「人たらし」のブラック心理術》（内藤誼人／大和書房）、《怖いくらい人を動かせる心理トリック》（樺旦純／三笠書房）、其他

禁斷心理術：
操控人心的170個技巧

2016年5月1日初版第一刷發行
2023年10月15日初版第十刷發行

作　　者　心理達人研究會
譯　　者　蘇聖翔
編　　輯　林宜柔
發 行 人　若森稔雄
發 行 所　台灣東販股份有限公司
　　　　　＜地址＞台北市南京東路4段130號2F-1
　　　　　＜電話＞(02)2577-8878
　　　　　＜傳真＞(02)2577-8896
　　　　　＜網址＞http://www.tohan.com.tw
郵撥帳號　1405049-4
法律顧問　蕭雄淋律師
總 經 銷　聯合發行股份有限公司
　　　　　＜電話＞(02)2917-8022

東販出版

國家圖書館出版品預行編目資料

禁斷心理術：操控人心的170個技巧 / 心理達人研究會著；蘇聖翔譯. -- 初版. -- 臺北市：臺灣東販, 2016.05
224面； 14.7×21公分
ISBN 978-986-475-017-7(平裝)

1. 應用心理學 2. 人際關係

177　　105005298